W0321547

DU MÊME AUTEUR, AUX ÉDITIONS LEDUC.S

Le grand livre du bicarbonate pour se soigner et pour la maison, 2015.
Le raisin malin, 2015.
Mes petites recettes magiques à la courgette, 2015.
Mes petites recettes magiques au wok, 2014.
Cuisiner pas cher, c'est malin, 2014.
Mes petites recettes magiques en 10 minutes chrono, 2013.
Bien conserver ses aliments, c'est malin, 2012.
Mes petites recettes magiques à moins de 300 calories, 2012.
Mes petits apéros dînatoires magiques (avec Xavier Kreutzer), 2012.

Retrouvez la bibliographie complète d'Alix Lefief-Delcourt à l'adresse :
www.editionsleduc.com/alix-lefief-delcourt
et des bonnes astuces sur son blog :
www.blogmalindalix.fr

REJOIGNEZ NOTRE COMMUNAUTÉ DE LECTEURS !

Inscrivez-vous à notre newsletter et recevez chaque mois :
- des conseils inédits pour vous sentir bien ;
- des interviews et des vidéos exclusives ;
- des avant-premières, des bonus et des jeux !

Rendez-vous sur la page : **http://leduc.force.com/lecteur**

ou scannez ce code :

Découvrez aussi notre catalogue complet en ligne sur notre site : **www.editionsleduc.com**

Enfin, retrouvez toute notre actualité sur notre blog : **blog.editionsleduc.com** sur notre page Facebook : **Leduc.s Éditions**

Illustrations : le pot de yaourt et le flacon page 37 (Delétraz) ;
les autres (Jupiter)
Maquette : Facompo – Lisieux

© 2010 Leduc.s Éditions
Huitième impression (novembre 2015)
17, rue du Regard
75006 Paris – France
ISBN : 978-2-84899-362-1
ISSN : 2427-7150

ALIX LEFIEF-DELCOURT

YAOURTS INRATABLES

6 recettes de yaourts à boire à télécharger ! Rondez-vous à la dernière page.

POCHE
LEDUC.S

À Xavier,

mon cobaye préféré.

Sommaire

Introduction

Le fait-maison a la cote : la tendance ne vous a sûrement pas échappé. Et parmi les nombreux produits du quotidien touchés par cette vague sans précédent, les yaourts figurent en bonne place. Souci d'économies, volonté de consommer de manière plus « éco-responsable », envie de manger des produits plus sains... cet engouement s'explique par de multiples facteurs, souvent étroitement liés. Peu importe la raison profonde, tant que le plaisir est là. Car préparer soi-même des yaourts pour sa famille et ses amis est d'abord un plaisir et une fierté. On ressort des placards, parfois avec nostalgie, la yaourtière orange – aujourd'hui très vintage – qu'utilisaient notre mère ou notre grand-mère dans les années soixante-dix. Ou on investit quelques dizaines d'euros pour acquérir un modèle design avec compartiment range-couvercles ou pots avec *timer*... Mais fini les yaourts nature ordinaires : aujourd'hui, le mot d'ordre est à la fantaisie.

Yaourts light ou super gourmands, au lait de vache ou de soja, fruités ou épicés, salés ou sucrés, floraux ou alcoolisés… il y en a pour tous les goûts. Avec ce mode d'emploi détaillé et 100 idées de recettes, c'est sûr, vous allez vous régaler !

5 BONNES RAISONS DE FAIRE SES YAOURTS SOI-MEME

1. C'est économique

Le calcul est simple. Pour faire 8 yaourts, il vous faut : 1 litre de lait + 1 yaourt du commerce ou fait maison + éventuellement d'autres ingrédients (sucre, fruits, arômes, lait en poudre...) + de l'électricité (variable selon la technique de fabrication employée). Aujourd'hui, le prix du litre de lait UHT dans le commerce varie de 0,70 € pour un lait premier prix à 1,60 € pour un lait estampillé bio. Avec les coûts annexes, vos 8 yaourts vous reviennent entre 0,80 € et 1,70 €. À ce tarif-là, dans le commerce, vous pouvez à peine vous offrir des yaourts nature premier prix ! Dans ces conditions, votre yaourtière sera vite rentabilisée…

2. C'est écologique

Terminé les pots de yaourts qui s'accumulent dans les poubelles ! Désormais, vous recyclez à l'infini vos pots en verre ou en plastique. En moyenne, chaque Français consomme quelque 22 kg de yaourts par an*, soit plus de 170 pots. Imaginez les économies de déchets réalisées

---

* *Source : Insee, 2007.*

par une famille de quatre personnes dont chaque membre consomme un voire deux yaourts par jour…

3. C'est plus sain

Épaississants, gélifiants, colorants, édulcorants, conservateurs, arômes artificiels… dans les produits laitiers du commerce, on trouve généralement quantité d'additifs aux noms douteux. Il suffit de vous pencher sur les étiquettes pour en découvrir la liste, souvent effrayante ! Avec les yaourts maison, vous retrouvez le goût du naturel. Et quand vous mangez un yaourt aux fruits maison, vous êtes sûr qu'il y a du fruit dedans, pas juste un vague arôme artificiel.

4. C'est ludique

La technique est simplissime et laisse place à l'imagination. Mis à part quelques ingrédients déconseillés (fruits très acides par exemple), vous pouvez parfumer vos yaourts comme bon vous semble avec des ingrédients classiques ou plus improbables, comme les fromages, les épices ou les alcools. Libre à vous aussi d'imaginer des associations gourmandes : framboise-mascarpone, cannelle-orange, menthe-chocolat, biscuits et fruits…

5. C'est exquis

Une fois que vous aurez goûté vos premiers yaourts maison, vous ne pourrez qu'y devenir accro. Onctueux, parfumés, gourmands… ils n'ont rien à voir avec les yaourts du commerce. Parions que votre yaourtière va fonctionner à plein régime !

Partie 1

Yaourts maison, mode d'emploi

La technique de base

Le yaourt : du lait + des ferments

Qu'est-ce qu'un yaourt ? Simplement du lait fermenté à l'aide de deux bactéries spécifiques : *Streptococcus thermophilus* et *Lactobacillus bulgaricus*. Pour se développer, celles-ci ont besoin d'être portées à une température comprise entre 37 °C et 45 °C, pendant quelques heures. Le lait épaissit, fermente et donne naissance au yaourt. C'est très facile de reproduire ce processus à la maison, avec ou sans yaourtière.

À noter : l'appellation « yaourt » ne peut être donnée qu'aux produits laitiers contenant ces deux bactéries. Sont exclus ceux qui contiennent par exemple du bifidus (*Bifidobacterium longum*). On les appelle alors simplement « laits fermentés ».

La recette de base (pour 8 pots)

1. Mélangez 1 litre de lait + 1 yaourt (ou des ferments).
2. Versez le mélange dans des pots.
3. Chauffez la préparation pendant une dizaine d'heures. Pour cela, on utilise une yaourtière ou une autre technique (voir p. 16 à 19).
4. Mettez vos yaourts au frais pendant au moins 4 heures avant de les déguster.

Les variantes

- Avant l'étape n° 1 : on peut chauffer le lait afin d'y faire infuser des fleurs, des épices, des herbes… ou d'y faire fondre des biscuits, des bonbons, du fromage…
- Après l'étape n° 1 : on peut ajouter divers ingrédients au mélange lait + ferments : sucre, arômes, confiture…

À retenir : il faut toujours laisser refroidir le lait avant d'y ajouter les ferments (yaourt ou ferments achetés dans le commerce). Ces derniers ne doivent jamais être chauffés.

> ★ **Astuce !**
>
> Vos yaourts seront encore meilleurs si vous les laissez au frais pendant 2 jours avant de les consommer. Ils se conservent en moyenne 8 à 10 jours.

La technique avec yaourtière

C'est la solution la plus simple et la plus pratique. Il suffit de mettre les pots remplis de la préparation lait + ferments dans la yaourtière, de régler le temps d'incubation (entre 8 et 14 heures) et de la mettre en route. Ensuite, patience ! Une fois les yaourts pris, on les laisse refroidir quelques instants, on pose les couvercles et on met les pots au frais.

Quelle yaourtière choisir ?

Aujourd'hui, les modèles de yaourtières présents sur le marché sont assez similaires. La différence se fait essentiellement sur le design et les petits plus : arrêt automatique, affichage du temps de cuisson restant, sonnerie pour indiquer la fin du cycle, compartiment range-couvercles… Les yaourtières sont généralement vendues avec 6 à 8 pots, en verre ou en plastique, de contenances différentes : 125 ml, 150 ml, 212 ml… Il existe aussi des pots de 240 ml et 500 ml. Tous les modèles permettent de préparer l'équivalent d'un litre de yaourt par fournée. Sachez qu'il existe aussi un modèle « petit(s) consommateur(s) » avec seulement 4 pots de 125 ml, ainsi qu'un modèle « familial », pour préparer un grand bol d'un litre de yaourt.

Conseils pratiques

✓ **À vous d'adapter le temps de chauffe** de votre yaourtière en fonction du résultat souhaité (yaourt plus ou moins ferme, plus ou moins acide, etc.) et du type de lait utilisé. Comptez…

… 8 à 10 heures pour la préparation de yaourts au lait entier,

... 10 à 12 heures pour la préparation de yaourts au lait demi-écrémé,
... 12 à 14 heures pour la préparation de yaourts au lait écrémé.

À savoir : si vos yaourts sont acides, c'est parce qu'ils ont chauffé trop longtemps. S'ils sont liquides, c'est parce qu'ils n'ont pas assez incubé. Mais d'autres facteurs entrent aussi en ligne de compte, comme la qualité du lait ou celle des ferments (voir p. 39).

✓ **Pendant que votre yaourtière fonctionne, ne la déplacez pas** et ne soulevez pas le couvercle. Veillez également à la placer loin de toute source de vibrations. C'est essentiel pour la réussite de vos yaourts.
✓ **Préparez vos yaourts en début de soirée.** Ainsi, votre yaourtière marchera toute la nuit, et vos yaourts seront prêts le lendemain matin.

★ Astuce !

Disposez les pots vides dans la yaourtière avant d'y verser votre préparation à l'aide d'une louche ou d'un bec verseur. Cela vous évitera de devoir déplacer vos pots une fois remplis.

Les techniques sans yaourtière

Si utiliser une yaourtière pour préparer ses yaourts maison est la solution la plus classique, il existe d'autres méthodes. Toutes sont basées sur le même principe : garder une chaleur modérée mais constante pendant une dizaine d'heures. Les avantages : pas besoin d'encombrer sa cuisine avec un équipement supplémentaire puisqu'on utilise le matériel existant (Cocotte-Minute, four, radiateur...). De plus, on fait des économies d'électricité car on utilise la chaleur emmagasinée. L'inconvénient : il faut souvent plusieurs essais afin de trouver le réglage idéal de son four... ou de son radiateur. Sinon, gare aux yaourts liquides, acides ou tournés !

À la Cocotte-Minute ou à l'autocuiseur

Versez un fond d'eau (4 cm environ) dans la Cocotte-Minute et faites chauffer l'eau jusqu'à 45 °C environ. Placez les pots en verre remplis de la préparation lait + ferments, préalablement fermés avec un morceau de papier-alu. Refermez vite la Cocotte-Minute et patientez 10 heures minimum. Pas besoin de la remettre sur le feu : la chaleur emmagasinée suffit à la prise des yaourts. Au besoin, si elle refroidit trop vite, vous pouvez la remettre sur le feu quelques minutes afin que le fond d'eau réchauffe. Une fois les yaourts pris, mettez-les au frais.

Au four

Il existe plusieurs méthodes pour que votre four reste à une température approximative de 40 à 45 °C pendant plusieurs heures. L'idéal : préchauffez-le sur thermostat 2 pendant une trentaine de minutes, puis éteignez-le, disposez les pots (placés dans un bain-marie avec de l'eau déjà chaude, 45 °C environ), fermez la porte et attendez toute une nuit. Autre solution : profitez que votre four soit encore tiède, après la cuisson d'un plat, pour faire vos yaourts.

À noter : les fours sont très différents selon les modèles. Vous aurez sûrement besoin de plusieurs essais avant de trouver le temps de préchauffage idéal.

Au cuit-vapeur (ou avec un panier vapeur)

Remplissez votre réservoir d'eau. Faites chauffer pendant une quinzaine de minutes puis débranchez votre cuit-vapeur. Posez vos yaourts remplis de la préparation lait + ferments. Remettez le couvercle, et laissez incuber pendant une dizaine d'heures.

Pour le panier vapeur, le principe est le même : faites chauffer l'eau puis, hors du feu, mettez les yaourts dans le panier et laissez-les au chaud pendant une dizaine d'heures.

Au cuiseur à riz

Versez une mesure d'eau dans la cuve et faites-la bouillir. Débranchez l'appareil puis déposez vos pots de yaourt remplis de la préparation lait + ferments. Fermez à l'aide du couvercle et attendez une nuit.

Dans une boîte en polystyrène

Récupérez une grande boîte en polystyrène avec un couvercle (par exemple chez votre poissonnier) et lavez-la avant utilisation. Versez-y un fond d'eau chauffée à une température comprise entre 40 et 45 °C. Placez vos yaourts remplis de la préparation lait + ferments. Fermez le couvercle et attendez toute une nuit. L'été, la chaleur ambiante suffit à maintenir une température de fermentation correcte. L'hiver, vous pouvez approcher votre boîte d'un radiateur, ou l'entreposer dans la pièce la plus chaude de la maison.

Dans une couverture polaire

Ici encore, le but est de conserver la chaleur afin que les ferments se développent correctement. Dans ce cas, il faut amener le lait à une température comprise entre 37 °C et 40 °C. Après avoir ajouté les ferments et les arômes, on verse la préparation dans un récipient avec couvercle (par exemple une soupière) que l'on enveloppe soigneusement avec une couverture polaire. Il suffit ensuite d'attendre 12 heures.

Au soleil !

En été, utilisez la chaleur solaire. Mettez vos yaourts dans une boîte fermée (ou votre yaourtière, non branchée) et exposez-la au soleil pendant quelques heures. C'est totalement gratuit et très écolo !

Les pots

Les yaourtières sont vendues avec des pots en verre ou en plastique, avec des couvercles adaptés. Il est facile de se procurer des pots supplémentaires ou de rechange, de la même marque que votre yaourtière. C'est même conseillé : vous pourrez ainsi lancer une nouvelle tournée avant d'avoir consommé tous les yaourts de la précédente.

Rien n'empêche de choisir des pots d'une marque différente, ou de mettre des pots en verre dans une yaourtière vendue à l'origine avec des pots en plastique. La seule condition (évidente) : que leur taille soit adaptée à celle de votre yaourtière !

Préférez les pots en verre aux pots en plastique : ils sont plus esthétiques et plus résistants. De plus, vos yaourts auront meilleur goût. C'est en tout cas ce que constatent de nombreux adeptes des yaourts maison !

Vous pouvez également récupérer des pots de yaourts en verre – ou en terre – du commerce. Seul inconvénient : comme ils n'ont pas de couvercle, il vous faudra les fermer avec du film alimentaire avant de les mettre au frais. Autres contenants bien pratiques : les petits pots pour bébé en verre, avec couvercle.

Astuce !

Pour varier la présentation, préparez vos yaourts dans des petits verres ou des verrines (en vérifiant auparavant qu'ils rentrent bien dans la yaourtière). Parfait si vous voulez faire goûter vos créations sucrées ou salées à vos invités lors d'un dîner : yaourt épicé façon dip à proposer à l'apéritif avec des bâtonnets de crudités ; yaourt salé façon sauce légère pour accompagner un poisson ou une volaille ; yaourt floral façon petit pot de crème pour accompagner une tarte Tatin…

Les autres accessoires

Un récipient, un fouet et quelques pots, il n'en faut guère plus pour faire vos yaourts maison. Mais certains ustensiles peuvent se révéler utiles et vous faciliter la vie.

Un récipient avec bec verseur (verre mesureur, saladier…)

Bien pratique pour mélanger les ingrédients, et verser la préparation dans les pots sans en mettre partout. Choisissez une version grand format de plus d'un litre.

Une petite louche à bec

À défaut de récipient avec bec verseur, faites votre mélange lait + ferments dans un saladier, et utilisez la louche pour transvaser sans bavures la préparation dans les pots.

Un mixeur

Pour mixer certains ingrédients : fruits, biscuits…

Un tamis ou une passoire fine

Utile pour filtrer le lait que vous avez laissé infuser ou la préparation dans laquelle vous avez incorporé des biscuits, des bonbons, des fleurs…

Un thermomètre de cuisine

Si vous avez fait chauffer votre lait, il peut se révéler utile pour vérifier sa température avant d'y ajouter les ferments (même si la solution la plus facile est de le laisser refroidir complètement). Si vous faites vos yaourts au four, sachez qu'il existe aussi des thermomètres spéciaux à poser ou à accrocher à l'intérieur de votre four pour en contrôler la température.

Bien choisir ses ingrédients

Le lait

C'est l'un des deux ingrédients de base, avec les ferments. Pour obtenir des yaourts savoureux, ne transigez pas sur sa qualité !

Entier, demi-écrémé ou écrémé ?

Chez les adeptes des yaourts maison, il y a ceux qui ne jurent que par le lait entier, et ceux qui ne misent que sur le lait demi-écrémé. Il est vrai que le résultat est un peu différent.

- ✓ **Avec le lait entier,** le yaourt est plus crémeux, plus épais… et même parfois un peu écœurant. Voilà pourquoi on vous conseillera de les réaliser plutôt avec du lait demi-écrémé. Soulignons aussi que vous y économiserez quelques calories !

- ✓ **Avec du lait demi-écrémé,** le résultat est un peu plus liquide mais aussi plus léger et plus rafraîchissant. On peut l'épaissir un peu grâce à différentes astuces : ajout de lait en poudre, de crème, de lait concentré… (voir p. 26).
- ✓ **Avec du lait écrémé,** le résultat sera encore un peu plus liquide. Il est indispensable d'ajouter du lait en poudre ou concentré à la préparation.

> **★ Astuce !**
>
> Avec du lait bio, de meilleure qualité que le lait conventionnel, vous obtiendrez des yaourts encore plus onctueux. Pour des yaourts maison 100 % bio, choisissez également des ferments et des arômes bio (fruits, confiture, biscuits…).

Laits de vache, de chèvre, de brebis…

Sachez que l'on peut réaliser de délicieux yaourts avec d'autres laits animaux que celui de la vache : laits de chèvre, de brebis… En yaourt de base, vous pouvez opter pour un yaourt au lait de vache, de chèvre ou de brebis. Sachez que le lait de chèvre donne un yaourt assez liquide : il est préférable de le couper avec du lait de vache (moitié-moitié).

Et les « laits » végétaux ?

On peut également utiliser le lait de soja, nature ou aromatisé : il donne des yaourts très onctueux et riches en goût. Il faut donc aimer la saveur particulière du soja ! Comme yaourt de base, on utilise indifféremment un yaourt au lait de vache ou un yaourt de soja.

Un conseil : ne tentez pas l'expérience avec d'autres laits végétaux (lait de riz, d'amandes, de coco, de quinoa...), vos yaourts ne prendraient pas. En revanche, vous pouvez ajouter un peu de lait végétal à vos yaourts au lait de vache pour les aromatiser : lait de coco ou d'amandes notamment.

À noter : le terme de « lait végétal » n'est pas réellement approprié à ces liquides qui n'ont de point commun avec le lait animal que leur couleur. En réalité, il s'agit de « jus » de végétaux.

Faut-il faire chauffer le lait avant utilisation ?

- ✓ **Si vous utilisez du lait frais,** il est indispensable de le faire bouillir pendant une dizaine de minutes. Pensez à bien le laisser refroidir avant de le mélanger au yaourt ou aux ferments. Le lait pasteurisé doit également être porté à ébullition avant utilisation (pas besoin de le laisser bouillir). Seul le lait stérilisé peut être utilisé sans chauffage préalable.
- ✓ **Pour faciliter l'incorporation ou l'infusion de certains ingrédients** (chocolat, vanille, épices, thé, biscuits...), le lait peut être chauffé, voire porté à ébullition. Ensuite, il est indispensable de le laisser refroidir avant d'ajouter les ferments ou le yaourt « de base ». Vous pouvez le laisser refroidir complètement ou jusqu'à une température comprise entre 35 °C et 38 °C. Pour cela, utilisez un thermomètre ou trempez votre doigt dans le lait : vous devez pouvoir le laisser une dizaine de secondes sans vous brûler.
- ✓ **Certains adeptes des yaourts maison préconisent de faire systématiquement bouillir le lait** avant de le laisser refroidir puis d'y incorporer le reste des

ingrédients. Il est vrai que cela donne **des yaourts à la consistance un peu plus ferme**. Mais si vous n'avez pas le temps de réaliser cette étape supplémentaire, vous pouvez la zapper, car il existe d'autres techniques, plus rapides, pour épaissir vos yaourts (voir p. 39).

> ★ **Astuce !**
>
> Pour assurer la réussite de vos yaourts, il est préférable que tous vos ingrédients soient à température ambiante lors du mélange. L'idéal : sortir votre yaourt-ferment du réfrigérateur (et, le cas échéant, votre lait) 15 à 30 minutes avant utilisation.

Pour un résultat plus crémeux

Vos yaourts sont trop liquides à votre goût ? Pour les épaissir, vous pouvez ajouter à votre préparation du lait en poudre, du lait concentré (sucré ou non) ou de la crème fraîche. Ces ingrédients apporteront une onctuosité supplémentaire à vos yaourts notamment si vous les préparez avec du lait demi-écrémé ou écrémé.

Pour 1 litre de lait, comptez :

✓ un pot de yaourt de lait en poudre ;
✓ **ou** 80 à 100 ml de lait concentré ;
✓ **ou** 2 à 3 cuillères à soupe de crème fraîche.

Les ferments

Le processus de fermentation ne peut se faire sans apport de… ferments ! Plusieurs solutions sont possibles : utiliser un yaourt qui servira de « base » ou ajouter des ferments en poudre.

Avec un yaourt du commerce

Pour votre première tournée, choisissez un yaourt dont la texture et le goût (plus ou moins acide) vous plaisent. Optez pour un yaourt de qualité, bien ferme, nature ou éventuellement aromatisé (vanille, citron). Évitez les yaourts à 0 % de matières grasses et les brassés. Vérifiez la date limite de consommation : pour que les ferments soient les plus actifs possibles, il faut que le yaourt soit le plus frais possible. Choisissez donc un yaourt dont la date limite de consommation est éloignée.

Avec des ferments

Les ferments se vendent également sous forme de poudre. Il suffit de les réhydrater dans un peu de lait pendant 1 heure ou 2 avant de les ajouter au reste du lait, et de mettre la préparation en yaourtière. On en trouve dans les pharmacies et dans les magasins de produits bio et diététiques. Ils sont souvent assez chers.

Remarque : ces ferments contiennent de la poudre de lait, et donc du lactose. Ne les utilisez pas si vous voulez fabriquer des yaourts sans lactose (au lait de soja par exemple).

Avec un yaourt maison « recyclé »

C'est la solution la plus simple et la plus économique : à chaque tournée de yaourts, vous en gardez un qui vous servira de yaourt-ferment pour la tournée suivante.

L'inconvénient : il vous faudra faire au moins un yaourt « recyclable » par tournée, c'est-à-dire nature ou légèrement aromatisé (vanille, citron). De plus, il vous faudra l'utiliser dans les 2 à 3 jours maxi après fabrication, sinon les ferments risquent de ne plus être assez actifs.

À noter : cette méthode ne fonctionne pas à l'infini. N'utilisez pas plus de dix fois un yaourt issu de votre fabrication, car les ferments perdent en efficacité. Si vos yaourts commencent à être trop liquides ou acides, c'est le signe que les ferments ne sont plus assez actifs. Dans ce cas, utilisez un yaourt du commerce ou des ferments en poudre.

Yaourts et santé : les probiotiques, des bactéries amies

Les deux bactéries spécifiques au yaourt, *Streptococcus thermophilus* et *Lactobacillus bulgaricus*, font partie de la famille des « bactéries amies » ou « probiotiques ». Selon la définition officielle, un probiotique est « un micro-organisme vivant, bactérie ou levure, qui, consommé en quantité suffisante, exerce des effets positifs sur la santé, au-delà des effets nutritionnels traditionnels ». Son rôle : rétablir l'équilibre de la flore intestinale et, par là même, agir sur le système immunitaire et le bien-être en général mais aussi prévenir et traiter de multiples troubles. Les produits riches en probiotiques, comme les yaourts, sont donc particulièrement conseillés à tous ceux qui souffrent de troubles digestifs, de rhumatismes, de surpoids, de cystites, mais aussi aux fumeurs, aux insomniaques, aux personnes stressées et fatiguées, à celles qui suivent un traitement antibiotique... Il faut également savoir que, aujourd'hui, certains produits laitiers vendus dans le commerce sont enrichis avec d'autres bactéries amies, aux propriétés spécifiques : *Bifidobacterium* (bifidus), *Lactobacillus casei*... Les premières sont tout indiquées contre les troubles du transit et les diarrhées ; les secondes ont un effet bénéfique sur les défenses immunitaires.

Pour en savoir plus, lire *Nous avons tous besoin de probiotiques et de prébiotiques*, de Danièle Festy, Leduc.s Éditions.

Le(s) sucre(s)

Pour sucrer vos yaourts maison, la solution la plus classique est d'utiliser du sucre blanc en poudre, à raison de 8 cuillères à café par litre de lait (à adapter en fonction de vos goûts). L'avantage : il se dissout rapidement. Mais il n'y a pas que le sucre raffiné dans la vie ! Faire vos yaourts maison, c'est aussi l'occasion de découvrir des produits plus sains, comme le sucre de canne complet (et bio), le stévia (un édulcorant 100 % naturel) ou le sirop d'agave. À la clé, des goûts différents pour des yaourts encore plus gourmands.

Cassonade et Vergeoise

Ces sucres légèrement parfumés donnent une petite saveur de caramel et une jolie couleur à vos yaourts.

Le bon dosage pour 1 litre de lait : 8 cuillères à café.

Édulcorant et stévia

Si vous faites attention à votre ligne, choisissez un édulcorant du commerce ou découvrez le stévia. Sans calorie, ce sucre 100 % naturel tiré d'une plante permet de faire des yaourts light. Attention au dosage, car son pouvoir sucrant est très très fort !

Le bon dosage : voir p. 61.

Fructose

C'est un sucre simple que l'on trouve dans les fruits et le miel. Son pouvoir sucrant est de 20 à 40 % supérieur à celui du sucre blanc.

Le bon dosage pour 1 litre de lait : 6 cuillères à café.

Miel

Avec lui, vous faites d'une pierre deux coups : vous donnez un goût délicat à vos yaourts et profitez des multiples bienfaits du nectar des abeilles. Tous les miels sont permis : lavande, acacia, oranger, mille-fleurs… Un conseil : si vous utilisez un miel crémeux, faites-le fondre dans du lait tiédi.

Le bon dosage pour 1 litre de lait : 2,5 à 3 cuillères à soupe.

Rapadura

Ce sucre complet et non cristallisé apporte un léger goût de caramel, de vanille et de réglisse. Comme il est plus sucré que le sucre blanc, on peut en mettre un peu moins.

Le bon dosage pour 1 litre de lait : 6 cuillères à café.

Sirop d'érable, d'agave, de riz...
Ils sont faciles à mélanger, et apportent des goûts différents (sauf le sirop d'agave, qui a une saveur plutôt neutre).

Le bon dosage pour 1 litre de lait : 3 à 4 cuillères à soupe.

Sucre aromatisé
Citron, chocolat, rose, fraise, orange, cannelle mais aussi lavande, guimauve, violette, pomme d'amour... : on trouve aujourd'hui de nombreux sucres parfumés. C'est idéal pour donner une touche d'originalité supplémentaire à vos yaourts.

Le bon dosage pour 1 litre de lait : 8 cuillères à café.

Sucre de canne
Selon la taille des cristaux, il fond plus ou moins facilement. N'hésitez pas à faire tiédir le lait avant de l'ajouter. Choisissez-le en version AB pour des yaourts 100 % bio (à préparer avec du lait bio).

Le bon dosage pour 1 litre de lait : 7 à 8 cuillères à café.

Sucre vanillé
Pour ajouter une légère saveur de vanille à vos yaourts.

Le bon dosage pour 1 litre de lait : 5 à 6 sachets (7,5 g).

Pensez aussi à tous les autres produits sucrés : confiture, lait concentré sucré, caramel liquide, *dulce de leche*, sirop de sucre de canne, sirops de fruits...

Les autres ingrédients

Pour donner du goût à vos yaourts, tout (ou presque) est permis. On peut y ajouter des fruits, des sirops, des arômes mais aussi des biscuits, des bonbons ou même des fines herbes, de l'alcool ou du fromage.

Alcool

Si cet ingrédient arrive en tête de liste, c'est uniquement parce qu'il est le premier dans l'ordre alphabétique. Mais ce n'est pas celui que vous utiliserez tous les jours, ni le premier à essayer si vous débutez dans les yaourts maison ! Cependant, une fois les yaourts alcoolisés testés, vous apprécierez leur originalité. Vous aimerez aussi épater vos invités en leur servant une petite verrine de yaourt au *limoncello* en accompagnement d'une tartelette aux framboises, par exemple. Évidemment, leur consommation est réservée... aux adultes !

Recettes « Les yaourts alcoolisés » p. 147 à 155.

Arômes

Vanille, citron, café, caramel mais aussi abricot, châtaigne, réglisse, myrtille, fraise des bois, nougat, pain d'épices, coco... aujourd'hui, on trouve sur le marché mille et une sortes d'arômes liquides, du plus classique au plus original. Ils sont bien pratiques pour aromatiser vos yaourts. Ce sont des produits très concentrés, alors attention à ne pas forcer la dose : quelques gouttes suffisent pour un litre de lait. Si vous faites vos yaourts avant tout parce que vous êtes fan de produits naturels, préférez les arômes naturels aux arômes artificiels qui, comme leur nom l'indique, sont produits chimiquement.

Biscuits

Madeleines, sablés, spéculoos ou pain d'épices : voilà des yaourts gourmands pour les petits et les grands. Deux méthodes sont possibles :

- ✓ On fait fondre les biscuits dans le lait, à feu doux. On peut ensuite mixer ou filtrer la préparation afin d'obtenir une consistance homogène. On la laisse évidemment refroidir avant d'y ajouter le yaourt ou les ferments en poudre.
- ✓ On mixe les biscuits plus ou moins grossièrement avant de les ajouter au lait froid.
  À associer éventuellement avec des fruits pour un yaourt façon tarte.

Recettes « Les yaourts pâtissiers » p. 113 à 122.

Bonbons

Pour séduire les petits (et les plus grands), testez les yaourts confiserie. Caramels, bonbons aux fruits ou chocolatés… les possibilités sont nombreuses, mais le résultat pas toujours très naturel ! Vous ne voudriez pas que vos bons yaourts maison ressemblent à certains yaourts du commerce ? Dans ce cas, évitez les bonbons trop chimiques et bourrés de colorants, et tournez-vous de préférence vers des produits artisanaux, type bonbons à la violette ou « vrais » caramels bretons au beurre salé.

Le conseil en plus : si vous êtes fan des fraises Tagada et voulez en aromatiser vos yaourts, ne forcez pas la dose, car elles ne donnent pas vraiment de goût… si ce n'est chimique ! La bonne idée : associer ces bonbons à de vraies fraises.

Vous avez également la possibilité de parfumer vos yaourts avec des sirops au goût de bonbon. Aujourd'hui, on trouve sur le marché des parfums étonnants, type barbe à papa, guimauve, pomme d'amour ou chewing-gum. Attention au dosage : ces arômes peuvent vite devenir écœurants.

Recettes « Les yaourts bonbons » p. 123 à 128.

Café, chocolat

Avant d'incorporer le yaourt, ajoutez quelques cuillères à soupe de café ou de chocolat en poudre dans le lait. N'oubliez pas de sucrer généreusement, sinon les yaourts risquent de tourner. On trouve aussi aujourd'hui sur le marché de l'extrait de café ou du sirop de chocolat : ils sont bien pratiques pour aromatiser votre préparation. Vous pouvez également utiliser du chocolat en morceaux à faire fondre, ou ajouter des copeaux de chocolat dans votre préparation.

À noter : ne vous attendez pas à obtenir des yaourts façon crème dessert ! Les yaourts maison au chocolat ont un goût bien particulier, légèrement acide. Cela peut dérouter certaines personnes : non, vos yaourts ne sont pas ratés, ce sont juste des yaourts au chocolat, pas des crèmes ! L'astuce pour éviter l'acidité : ajouter un peu d'extrait de vanille liquide.

Confiture

C'est une manière simple et rapide d'aromatiser les yaourts. Tous les parfums sont permis ! Deux techniques sont possibles : vous pouvez déposer la confiture dans le fond des pots, ou la diluer dans la préparation lait + ferments. Pour faciliter la dilution, vous pouvez faire tiédir le lait. Attention à bien le laisser refroidir avant d'y ajouter les ferments.

Épices

Vanille et cannelle sont les parfums les plus courants. Mais toutes les autres épices peuvent être employées : cardamome, gingembre, fève tonka mais aussi poivre ou curry… À essayer en version sucrée ou salée !

Fleurs

Fleurs fraîches, séchées, eaux florales, sirops de fleurs… sont parfaits pour apporter une touche originale et printanière à vos yaourts.

Fromages

Des yaourts au camembert ou au chèvre ? Original et surprenant ! Ces yaourts-là ne se mangent pas à la petite cuillère, mais plutôt comme accompagnement de crudités, de pommes de terre ou d'une viande blanche. À découvrir aussi, le yaourt au *mascarpone* (qui est, rappelons-le, un fromage italien) en version sucrée, façon *tiramisu*.

Fruits frais

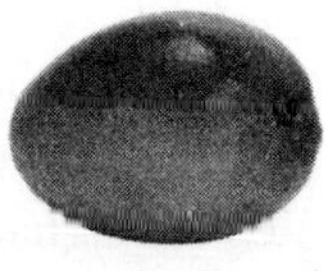

L'incorporation de fruits frais dans les yaourts maison est parfois délicate. En effet, certains les rendent acides, voire les font complètement tourner ! Pour éviter les « ratages », il est important de suivre ces quelques règles.

- ✓ De manière générale, choisissez des fruits bien mûrs : plus riches en goût, ils sont aussi moins acides. Les yaourts risqueront moins de tourner.
- ✓ Les fruits acides, comme les baies, les abricots ou certaines variétés de pommes, sont à utiliser de préférence cuits ou préalablement macérés pendant 1 heure

ou 2 dans le sucre. Pour contourner ce problème, vous pouvez utiliser des fruits en conserve.

✓ Évitez d'utiliser crus les fruits qui rendent trop d'eau, comme le melon ou le kiwi. Mieux vaut les faire cuire légèrement et les égoutter.
✓ N'ajoutez jamais d'orange, de citron ou de pamplemousse dans votre préparation, que ce soit sous forme de morceaux ou de jus. En revanche, on peut sans souci utiliser les zestes, à faire infuser dans le lait tiède.

Les autres fruits (pomme, poire, mangue…) s'utilisent cuits ou crus. Dans le premier cas, faites-les compoter quelques minutes, puis déposez la préparation dans le fond des pots. Dans le second cas, coupez-les en tout petits dés que vous ajouterez au mélange lait + ferments. Pour une texture « sans morceaux », mixez-les.

Fruits secs

Abricots, raisins, pruneaux… les fruits secs sont également délicieux dans les yaourts maison. Un conseil : avant de les ajouter au mélange lait + ferments, réhydratez-les dans de l'eau chaude, du thé, voire de l'alcool (exemples : les raisins dans du rhum, les pruneaux dans de l'armagnac, etc.).

Vous pouvez également préparer des yaourts avec des amandes, des noix, des noisettes, de la noix de coco… Plusieurs méthodes sont possibles :

✓ Ajoutez à la préparation lait + ferments de la poudre d'amandes ou de coco. Résultat : une texture légèrement granuleuse.

- ✓ Pour une texture lisse, faites infuser cette poudre dans le lait tiède puis filtrez.
- ✓ Autre solution : utiliser de la purée d'oléagineux (amandes, noisettes, sésame, cacahuètes) que vous diluerez simplement dans le lait tiède.
- ✓ Pour apporter du croquant à vos yaourts, ajoutez des noix ou des amandes concassées avant la mise en yaourtière, ou au moment de servir le yaourt.

Herbes

Menthe mais aussi basilic ou romarin parfumeront délicatement vos yaourts, en version sucrée (avec des fruits) ou salée (avec du fromage par exemple).

Huiles essentielles

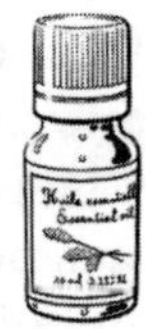

Encore plus naturelles que les arômes (même naturels), les huiles essentielles parfument subtilement vos préparations. Mais attention, il est nécessaire d'acheter des huiles essentielles de bonne qualité, estampillées bio, et de les utiliser avec précaution. Ainsi, il faut les diluer dans un produit sucré (miel, sirop d'érable, par exemple) avant de les ajouter à la préparation. Et surtout, inutile de forcer la dose ! 1 goutte maxi par pot, cela suffit amplement, et parfois moins dans le cas d'huiles au goût très intense (comme celle de cannelle). Si vous n'êtes pas familier de l'utilisation des huiles essentielles en cuisine, on vous conseillera donc :

- ✓ de bien vous renseigner sur le sujet* : toutes les huiles ne se prêtent pas à une utilisation en cuisine ;

* *À lire :* Mes recettes de cuisine aux huiles essentielles, *Danièle Festy, Leduc.s. Éditions.*

certaines sont même déconseillées aux enfants et aux femmes enceintes et allaitantes ;

✓ de commencer avec des huiles classiques, type citron, orange ou vanille. Comptez 5 ou 6 gouttes par litre de lait (à adapter en fonction de vos goûts), à diluer auparavant dans un peu de miel. Vous pourrez ensuite vous lancer dans des créations plus originales, avec l'huile essentielle de lavande, de rose ou d'ylang-ylang.

Sirops

Fraise, grenadine, citron, cassis, cerise, pêche, abricot, menthe, violette… tous les choix sont possibles. À tester aussi avec des sirops aux saveurs originales (fraise bonbon, *bubble gum*, pain d'épices, *pina colada*, tarte citron, barbe à papa, noisettes grillées, réglisse…). N'hésitez pas à choisir des produits de qualité, artisanaux ou bio, pour éviter de donner un goût chimique à vos bons yaourts maison ! La bonne dose : 4 cuillères à soupe par litre de lait, pas plus sinon votre préparation risque de tourner.

Thé, tisane

Faites infuser 2 cuillères à café de thé ou de tisane en vrac (ou deux sachets) dans le lait tiède avant d'incorporer les ferments. Vous pouvez utiliser, par exemple, du thé vert à la menthe, du thé Earl Grey, des tisanes aux fruits rouges ou aux épices…

Un problème ? Une solution !

Mes yaourts sont trop liquides

Le constat

C'est le problème classique des débutants : le résultat ressemble plus à un yaourt à boire qu'à un vrai yaourt bien ferme. Les causes sont très diverses (ferments de mauvaise qualité, utilisation de lait écrémé, temps d'incubation trop court, yaourtière soumise à des vibrations...), et c'est au fil des expérimentations, et des petites améliorations de recettes, que chacun parviendra à la consistance voulue.

Les solutions

✓ Utilisez du lait entier à la place du lait demi-écrémé.
✓ Choisissez un lait bio.

- ✓ Ajoutez un ingrédient qui rendra vos yaourts plus crémeux : lait en poudre, crème fraîche, lait concentré… (Voir p. 26.)
- ✓ Faites bouillir votre lait avant de le mélanger, une fois refroidi, aux ferments. Il sera ainsi un peu plus épais.
- ✓ Augmentez légèrement le temps d'incubation.
- ✓ Changez de marque de yaourt-ferment. Pour ensemencer votre première tournée de yaourts, choisissez un yaourt nature de qualité (pas les premiers prix), bio si possible. C'est l'assurance d'avoir des ferments actifs et que vous pourrez réutiliser plusieurs fois.
- ✓ Si vous utilisez un yaourt de la tournée précédente pour en faire une nouvelle, ne tardez pas trop : les ferments sont au top de leur efficacité deux à trois jours après fabrication du yaourt. Et au bout d'un certain nombre de tournées, ils s'épuisent, il faut donc en changer.
- ✓ Vous pouvez également mettre deux yaourts-ferments au lieu d'un seul.
- ✓ Assurez-vous que votre yaourtière est dans un coin tranquille, à l'abri des vibrations quand elle fonctionne (pas sur un réfrigérateur par exemple) : les ferments ont besoin de calme pour faire leur travail !
- ✓ Attendez deux à trois jours avant de déguster vos yaourts : ils gagnent en fermeté au fil du temps.
- ✓ En dernier recours, relancez votre yaourtière pour un cycle entier.

Mes yaourts sont acides

Le constat

Vos yaourts ont une texture tout à fait correcte mais au goût c'est la catastrophe : même en y ajoutant du sucre, ils sont trop acides. Résultat : immangeables ! Encore une fois, il s'agit d'une erreur de débutant. Les causes de cette acidité peuvent être nombreuses. En faisant quelques réglages, tout rentre dans l'ordre.

Les solutions

- ✓ Changez de yaourt-ferment : certains sont plus doux, d'autres plus acides… et cela se répercute sur le goût du produit final.
- ✓ Si vous faites chauffer votre lait, pensez à le faire refroidir avant d'y ajouter votre yaourt. Sinon, vous risquez de tuer les ferments.
- ✓ Évitez d'ajouter des fruits qui rendent beaucoup d'eau, comme le melon, le kiwi… ou d'utiliser des fruits acides crus.
- ✓ Ajoutez un peu de crème fraîche ou de lait en poudre dans le lait.
- ✓ Réduisez le temps d'incubation des yaourts.
- ✓ Consommez vos yaourts plus rapidement (après le deuxième jour).

Mes yaourts sont filandreux

Le constat

La texture de vos yaourts est filandreuse, élastique voire gluante, bref loin de l'onctuosité promise ! Cela peut être dû à l'ajout de lait en poudre ou à la qualité de votre lait ou de votre yaourt-ferment.

Les solutions

- ✓ Oubliez le lait en poudre et remplacez-le par de la crème fraîche ou du lait concentré, sucré ou non. C'est plus calorique mais le résultat est vraiment plus onctueux !
- ✓ Changez de marque de yaourt-ferment.
- ✓ Changez de lait : essayez le lait frais et/ou bio.

Mes yaourts sont granuleux

Le constat

La texture des yaourts n'est pas homogène, vous sentez des petits grains, comme si le mélange des ingrédients n'avait pas été bien effectué. Parfois aussi, il y a une couche de sérum en surface. C'est le signe que vos yaourts ont incubé trop longtemps, ou à une température trop élevée.

Les solutions

- ✓ Si vous utilisez une yaourtière électrique, réduisez le temps d'incubation. En été notamment, ou si votre pièce est bien chauffée, vous pouvez diminuer ce temps d'une heure au moins.
- ✓ Si vous les faites au four, contrôlez sa température : elle ne doit pas dépasser 45 °C.

Mes yaourts font des « couches »

Le constat

Vous avez mélangé tous vos ingrédients avant de verser la préparation dans les pots. Mais c'est immanquable, ils se séparent lors de l'incubation. Résultat, les biscuits et les fruits se retrouvent dans le fond, et le chocolat, la noix de coco ou la purée d'amandes surnagent. C'est la dure loi de la gravité : les ingrédients les plus lourds tombent tandis que les plus gras remontent !

Les solutions

- ✓ Utilisez un fouet pour bien mélanger les ingrédients. N'hésitez pas à battre longuement.
- ✓ Si vous utilisez de la purée d'oléagineux, faites-la fondre dans le lait tiède. Au besoin, filtrez avant de continuer la préparation.
- ✓ Si vous utilisez de la noix de coco ou des amandes en poudre, préférez la méthode de l'infusion : ajoutez la poudre dans le lait chaud et laissez reposer une heure environ avant de filtrer. Plus de petits grains, donc plus de risques qu'ils se séparent du lait. La texture de votre yaourt sera homogène mais il aura tout de même une délicate saveur de coco ou d'amande.

À noter : le fait que les yaourts fassent des couches n'est pas forcément un problème. Visuellement, c'est même souvent joli ! Et puis, il suffira de mélanger le yaourt avant consommation pour retrouver une texture homogène.

Il y a une couche de liquide dans le fond des pots

Le constat

Quand vous versez votre préparation dans les pots, elle est parfaitement homogène. Mais, après le temps d'incubation, catastrophe : le yaourt surnage sur une couche de liquide jaunâtre. Explication : les ferments n'ont pas pris, sûrement parce que vous les avez chauffés !

La solution

Si vous faites chauffer votre lait, assurez-vous qu'il est complètement refroidi (ou à une température « supportable » pour le doigt, voir p. 25) avant d'y ajouter les ferments ou le yaourt.

Partie 2

100 recettes faciles

Notes

- ✓ Les quantités données dans les recettes qui suivent permettent de réaliser huit yaourts de 125 ml.
- ✓ Sauf indication contraire, ces recettes ont été préparées avec du lait de vache demi-écrémé. Mais rien ne vous empêche de le remplacer par :
  - – du lait entier ; vos yaourts sont encore plus crémeux… et caloriques !
  - – du lait de soja ; la texture et le goût seront légèrement différents ;
  - – du lait de brebis ou de chèvre (éventuellement associé à du lait de vache) ; la texture et le goût seront également légèrement différents.
- ✓ N'hésitez pas à préparer deux recettes différentes lors de la même tournée de yaourts : quatre yaourts à la vanille et quatre autres menthe-chocolat par exemple. Il vous suffira simplement de diviser les quantités par deux. Petit conseil : évitez de faire incuber en même temps des yaourts au camembert et des yaourts à la framboise. L'odeur des premiers étant assez forte, elle risque de gâcher un peu la saveur délicate des seconds !

1.
Les yaourts classiques

Le yaourt nature

Après de multiples tests, c'est ma recette préférée pour les plus classiques des yaourts : simplement sucrés. Ni trop gras (grâce au lait demi-écrémé) ni trop liquides (grâce au lait concentré), ils sont fermes et onctueux à la fois : tout simplement parfaits !

Ingrédients : *1 litre de lait demi-écrémé, 1 yaourt nature, 80 ml de lait concentré, 8 cuillères à café de sucre*

1. Battez le yaourt, le lait concentré et le sucre à l'aide d'un fouet. Ajoutez le lait en fouettant énergiquement. Versez la préparation dans les pots.
2. Programmez la yaourtière pour 10 à 12 heures.
3. Laissez refroidir les yaourts quelques minutes, fermez-les avec les couvercles puis mettez-les au frais au moins 4 heures avant de les déguster.

Variantes

- *Remplacez le sucre blanc par du sucre de canne, de la cassonade, de la vergeoise…*
- *Vous pouvez également utiliser des sucres parfumés : à la vanille, à la cannelle, au citron, à la fraise, à la lavande…*

YAOURTS À LA CONFITURE

Ingrédients : *1 litre de lait, 1 yaourt nature, 8 cuillères à café de confiture, 2 sachets de sucre vanillé*

1. Battez le yaourt et le sucre vanillé à l'aide d'un fouet. Ajoutez le lait, toujours en fouettant.
2. Déposez 1 cuillère à café de confiture au fond de chaque pot. Répartissez la préparation au yaourt par-dessus.
3. Programmez la yaourtière pour 10 à 12 heures.
4. Laissez refroidir les yaourts quelques minutes, fermez-les avec les couvercles puis mettez-les au frais au moins 4 heures avant de les déguster.

Variantes

- *Fraises, framboises, pommes, abricots, prunes, coings, myrtilles, rhubarbe, orange… : tous les parfums sont délicieux !*
- *Vous pouvez aussi mélanger la confiture au lait avant de l'incorporer au reste des ingrédients. Dans ce cas, faites chauffer légèrement le lait avec la confiture afin qu'elle fonde. Laissez refroidir complètement avant d'ajouter le yaourt et le sucre.*

Yaourts à la vanille

Ingrédients : *1 litre de lait, 1 yaourt nature, 1 gousse de vanille, 8 cuillères à café de sucre de canne*

1. Versez le lait dans une casserole à fond épais.
2. Ouvrez la gousse de vanille en deux dans le sens de la longueur. Grattez l'intérieur pour récupérer les petites graines. Versez-les dans le lait, avec la gousse fendue.
3. Portez le lait à ébullition, à feu doux. Arrêtez le feu et laissez infuser la vanille jusqu'à complet refroidissement. Enlevez la gousse.
4. Battez le yaourt avec le sucre, puis ajoutez le lait refroidi, toujours en fouettant. Versez la préparation dans les pots.
5. Programmez la yaourtière pour 10 à 12 heures.
6. Laissez refroidir les yaourts quelques minutes, fermez-les avec les couvercles puis mettez-les au frais au moins 4 heures avant de les déguster.

Variantes

À la place de la gousse de vanille, vous pouvez également parfumer vos yaourts avec :

- *du sucre vanillé : remplacez le sucre de canne par 5 à 6 sachets de sucre vanillé ;*
- *de l'extrait de vanille liquide : comptez 1 à 2 cuillères à soupe (à ajuster en fonction de la concentration de votre produit et de vos goûts) ;*

→

- *de l'huile essentielle de vanille : comptez 5 à 8 gouttes ; à diluer dans 3 à 4 cuillères à soupe de sirop d'agave (à la place du sucre de canne) avant de l'ajouter au mélange lait/yaourt.*

Astuce !

Pour « fabriquer » votre propre sucre vanillé, récupérez votre gousse de vanille utilisée. Rincez-la et laissez-la sécher à l'air libre. Une fois qu'elle est bien sèche, mettez-la dans votre pot de sucre en poudre : elle le parfumera délicatement.

Yaourts au miel

Ingrédients : *1 litre de lait, 1 yaourt nature, 3 cuillères à soupe de miel*

1. Battez le yaourt et le miel à l'aide d'un fouet. Ajoutez le lait, toujours en fouettant. Versez la préparation dans les pots.
2. Programmez la yaourtière pour 10 à 12 heures.
3. Laissez refroidir les yaourts quelques minutes, fermez-les avec les couvercles puis mettez-les au frais au moins 4 heures avant de les déguster.

Variante

➢ *Pour une saveur douce, choisissez un miel d'acacia, d'oranger ou de lavande ; pour un goût plus prononcé, misez sur les miels de forêt, de bruyère, de châtaignier...*

Astuce !

Le miel liquide est plus pratique car il fond facilement dans le lait froid. Si vous optez pour un miel solide, faites chauffer le mélange lait-miel à feu doux en remuant jusqu'à ce qu'il soit bien dissous. Laissez refroidir avant d'incorporer le yaourt et de verser dans les pots.

Yaourts au caramel

Ingrédients : *1 litre de lait, 1 yaourt nature, 8 cuillères à soupe de caramel liquide, 2 cuillères à café de sucre de canne*

1. Battez le yaourt avec le sucre et le caramel. Ajoutez le lait en fouettant énergiquement. Versez la préparation dans les pots.
2. Programmez la yaourtière pour 10 à 12 heures.
3. Laissez refroidir les yaourts quelques minutes, fermez-les avec les couvercles puis mettez-les au frais au moins 4 heures avant de les déguster.

Le conseil en plus : le dosage du caramel liquide peut varier selon la qualité du produit choisi. Un conseil, goûtez votre préparation avant de la mettre en pots.

Astuce !

Vous pouvez aussi préparer votre caramel liquide vous-même. Dans une casserole à fond épais, versez 500 g de sucre en poudre et 250 ml d'eau. Laissez cuire à feu moyen, sans remuer, pendant une quinzaine de minutes. Lorsque le caramel est d'une jolie couleur blonde, versez petit à petit 200 ml d'eau, en faisant attention aux projections. Remettez sur le feu jusqu'au tout début de l'ébullition. Hors du feu, ajoutez quelques gouttes de jus de citron, puis mettez en bouteille. Utilisez 8 cuillerées à soupe de ce caramel refroidi pour 1 litre de lait. Le reste se conserve à température ambiante pendant plusieurs semaines.

YAOURTS AU CHOCOLAT

Ingrédients : *1 litre de lait, 1 yaourt nature, 8 cuillères à café de chocolat en poudre sucré, 8 cuillères à café de sucre en poudre*

1. Faites chauffer le lait jusqu'à ébullition. Ajoutez le chocolat en poudre et le sucre. Mélangez bien et laissez refroidir complètement.
2. Une fois la préparation refroidie, ajoutez le yaourt nature en fouettant jusqu'à ce que le mélange soit homogène puis versez dans les pots.
3. Programmez la yaourtière pour 10 à 12 heures.
4. Laissez refroidir les yaourts quelques minutes, fermez-les avec les couvercles puis mettez-les au frais au moins 4 heures avant de les déguster.

Le conseil en plus : utilisez un chocolat en poudre déjà sucré (type préparation pour le petit déjeuner ou le goûter). L'ajout de sucre au mélange est indispensable pour que le yaourt ne soit pas acide.

Astuce !

Vous pouvez également faire fondre dans votre lait du chocolat en morceaux, « nature » ou additionné d'éclats de noisettes, d'amandes, de caramel, de fruits secs... (Voir recette p. 132.)

YAOURTS AU CAFÉ

Ingrédients : *1 litre de lait, 1 yaourt nature, 6 cuillères à café de café instantané en poudre, 8 cuillères à café de sucre en poudre*

1. Délayez le café et le sucre en poudre dans le lait. Ajoutez le yaourt en battant au fouet. Versez dans les pots.
2. Programmez la yaourtière pour 10 à 12 heures.
3. Laissez refroidir les yaourts quelques minutes, fermez-les avec les couvercles puis mettez-les au frais au moins 4 heures avant de les déguster.

Variantes

À la place du café instantané en poudre, vous pouvez utiliser :

- *de l'essence de café : comptez 1 à 2 cuillères à soupe ;*
- *une petite tasse d'expresso serré et bien fort ; veillez à ce que la préparation soit bien froide avant d'y incorporer le yaourt.*

Yaourts à la menthe

Ingrédients : *1 litre de lait, 1 yaourt nature, une dizaine de feuilles de menthe fraîche, 8 cuillères à café de sucre*

1. Portez le lait à ébullition. Ajoutez le sucre et les feuilles de menthe, puis laissez-les infuser jusqu'à complet refroidissement du lait.
2. Une fois que le lait est froid, ôtez les feuilles de menthe, et ajoutez le yaourt en battant énergiquement au fouet. Versez la préparation dans les pots.
3. Programmez la yaourtière pour 10 à 12 heures.
4. Laissez refroidir les yaourts quelques minutes, fermez-les avec les couvercles puis mettez-les au frais au moins 4 heures avant de les déguster.

Variante

➢ *Si vous n'avez pas de menthe fraîche, vous pouvez utiliser du sirop de menthe. Comptez 4 cuillères à soupe par litre de lait, et réduisez la quantité de sucre (4 à 5 cuillères à café maxi).*

YAOURTS AU THÉ

Ingrédients : *1 litre de lait, 1 yaourt nature, 2 cuillères à soupe de thé Earl Grey en vrac (ou 2 sachets), 3 cuillères à soupe de miel d'oranger*

1. Versez le lait dans une casserole. Faites-le chauffer à feu doux jusqu'à ébullition. Hors du feu, ajoutez le thé, et laissez infuser pendant 30 minutes. Filtrez.
2. Fouettez le yaourt et le miel. Ajoutez le lait refroidi en battant énergiquement à l'aide d'un fouet. Versez la préparation dans les pots.
3. Programmez la yaourtière pour 10 à 12 heures.
4. Laissez refroidir les yaourts quelques minutes, fermez-les avec les couvercles puis mettez-les au frais au moins 4 heures avant de les déguster.

Le conseil en plus : choisissez de préférence un thé en vrac, plus parfumé que sa version en sachet. Votre yaourt sera plus fin et savoureux.

Variante

➢ *Vous pouvez utiliser tous les thés que vous aimez : thé vert, noir ou blanc, thé au citron, à la menthe, aux fruits… Essayez aussi cette recette avec des tisanes parfumées.*

Yaourts à la noisette

Ingrédients : *1 litre de lait, 1 yaourt nature, 3 cuillères à soupe de purée de noisettes, 4 cuillères à café de sucre de canne, 2 cuillères à soupe de lait concentré sucré*

1. Versez le lait dans une casserole avec la purée de noisettes. Faites chauffer à feu doux, en remuant de temps en temps, afin de faire fondre la purée de noisettes. Laissez refroidir complètement.
2. Battez le yaourt avec le sucre et le lait concentré. Puis ajoutez le lait refroidi toujours en fouettant. Versez la préparation dans les pots.
3. Programmez la yaourtière pour 10 à 12 heures.
4. Laissez refroidir les yaourts quelques minutes, fermez-les avec les couvercles puis mettez-les au frais au moins 4 heures avant de les déguster.

Le conseil en plus : vous trouverez la purée de noisettes dans les magasins bio. Comme son nom l'indique, il s'agit simplement de noisettes réduites en purée sans adjonction de sucre. À ne pas confondre avec le confit de noisettes qui, lui, contient du sucre.

Variante

➢ *Vous pouvez remplacer la purée de noisettes par de la purée d'amandes (blanches de préférence).*

★ Idée présentation

Avant de servir, saupoudrez vos yaourts de pralin, mélange de noisettes et d'amandes hachées enrobées de caramel.

YAOURTS À L'AMANDE

Ingrédients : *1 litre de lait, 1 yaourt nature, 6 cuillères à soupe de poudre d'amandes, 6 cuillères à soupe de lait concentré sucré*

1. Versez le lait dans une casserole avec la poudre d'amandes. Portez-le à ébullition et laissez infuser hors du feu pendant une trentaine de minutes. Filtrez.
2. Battez le yaourt avec le lait concentré. Puis ajoutez le lait toujours en fouettant. Versez la préparation dans des pots.
3. Programmez la yaourtière pour 10 à 12 heures.
4. Laissez refroidir les yaourts quelques minutes, fermez-les avec les couvercles puis mettez-les au frais au moins 4 heures avant de les déguster.

Variante

➢ *Sur le même principe, vous pouvez préparer des yaourts coco en remplaçant la poudre d'amandes par de la noix de coco.*

Yaourts light

Ingrédients : *1 litre de lait écrémé, 1 yaourt nature à 0 %, 4 cuillères à soupe de lait écrémé en poudre, 16 gouttes d'extrait de stévia « maison » (voir encadré Astuce)*

1. Battez le yaourt avec le stévia. Ajoutez le lait et le lait en poudre en fouettant énergiquement. Versez la préparation dans les pots.
2. Programmez la yaourtière pour 10 à 12 heures.
3. Laissez refroidir les yaourts quelques minutes, fermez-les avec les couvercles puis mettez-les au frais au moins 4 heures avant de les déguster.

Astuce

Le stévia a un pouvoir sucrant extrêmement intense. Pour 1 litre de lait, il faut à peine ¼ de cuillère à café. Pas facile à doser correctement ! Pour éviter le surdosage, utilisez-le de préférence sous forme d'extrait liquide à préparer vous-même. Dans un petit flacon doseur avec compte-gouttes, versez 1 cuillère à café de stévia en poudre et 2 cuillères à café d'eau chaude. Fermez et agitez le flacon afin de bien dissoudre la poudre. Dosez l'extrait à l'aide du compte-gouttes : 2 gouttes = 1 cuillère à café de sucre.

YAOURTS NATURE 100 % SOJA

Ingrédients : *1 litre de lait de soja nature, 1 yaourt nature au lait de soja*

1. Battez le yaourt et lait de soja. Versez la préparation dans les pots.
2. Programmez la yaourtière pour 10 à 12 heures.
3. Laissez refroidir les yaourts quelques minutes, fermez-les avec les couvercles puis mettez-les au frais au moins 4 heures avant de les déguster.

Le conseil en plus : ces yaourts ont vraiment un goût particulier de… lait de soja ! Si vous n'y avez jamais goûté, commencez plutôt par la recette suivante (Yaourts soja-vanille, à la saveur plus douce et moins « déroutante » pour les novices).

Variante

➢ *Vous pouvez sucrer ces yaourts lors de la préparation, avec du sirop d'agave par exemple. Ou les laisser nature, pour les sucrer ensuite ou les utiliser dans des recettes salées.*

Yaourts express soja-vanille

Ingrédients : *1 litre de lait de soja à la vanille, 1 yaourt nature au lait de soja*

1. Battez le yaourt et le lait de soja à l'aide d'un fouet. Versez la préparation dans des pots.
2. Programmez la yaourtière pour 10 à 12 heures.
3. Laissez refroidir les yaourts quelques minutes, fermez-les avec les couvercles puis mettez-les au frais au moins 4 heures avant de les déguster.

Le conseil en plus : les laits de soja vanillés vendus dans le commerce sont déjà sucrés. Nul besoin donc d'ajouter du sucre.

Variante

- *Ça marche aussi avec du lait de soja au chocolat !*

2.
Les yaourts fruités

Yaourts au citron

Ingrédients : *1 litre de lait, 1 yaourt nature, 2 citrons bio, 8 cuillères à café de sucre de canne*

1. Prélevez le zeste des citrons, et versez-les dans le lait avec le sucre.
2. Portez le lait à ébullition puis laissez-le refroidir complètement.
3. Filtrez le lait afin d'enlever les zestes. Ajoutez le yaourt et battez la préparation au fouet. Versez dans les pots.
4. Programmez la yaourtière pour 10 à 12 heures.
5. Laissez refroidir les yaourts quelques minutes, fermez-les avec les couvercles puis mettez-les au frais au moins 4 heures avant de les déguster.

Variantes

- *Remplacez le zeste de citron par 1 à 2 cuillères à café d'extrait naturel de citron.*
- *Pour un goût plus prononcé, vous pouvez également associer le zeste d'un citron + 1 cuillère à café d'extrait naturel de citron.*

→

☆ Idée présentation

Avant de servir, décorez les yaourts de zestes de citrons confits. Pour cela, prélevez des longues lanières de zeste sur un citron. Dans une petite casserole, mélangez 5 cl d'eau et 50 g de sucre en poudre. Ajoutez les zestes et laissez chauffer à feu doux pendant une quinzaine de minutes. Laissez refroidir ½ heure puis étalez les zestes sur du papier sulfurisé afin de les faire sécher, 10 heures minimum.

YAOURTS À LA RHUBARBE

Ingrédients : *1 litre de lait, 1 yaourt nature, 200 g de rhubarbe, 6 cuillères à soupe de sucre de canne*

1. Lavez la rhubarbe et coupez-la en petits tronçons. Mettez-la dans une casserole, ajoutez 4 cuillères à soupe de sucre, mélangez et laissez-la macérer 2 heures.
2. Faites compoter la rhubarbe pendant une vingtaine de minutes à feu doux. Répartissez-la dans le fond des pots.
3. Battez le yaourt et le reste du sucre. Ajoutez le lait en fouettant. Versez la préparation dans les pots.
4. Programmez la yaourtière pour 10 à 12 heures.
5. Laissez refroidir les yaourts quelques minutes, fermez-les avec les couvercles puis mettez-les au frais au moins 4 heures avant de les déguster.

Variante

➢ *Pour une recette express, utilisez de la confiture de rhubarbe déjà prête !*

Yaourts à l'ananas

Ingrédients : *1 litre de lait, 1 yaourt nature, 2 cuillères à soupe de sirop d'ananas (en bouteille), 2 tranches d'ananas au sirop, 2 cuillères à soupe de sucre de canne*

1. Égouttez les tranches d'ananas et coupez-les en tout petits dés.
2. Fouettez le yaourt avec le sucre et le sirop d'ananas. Ajoutez le lait en battant énergiquement. Versez la préparation dans les pots et répartissez les dés d'ananas.
3. Programmez la yaourtière pour 10 à 12 heures.
4. Laissez refroidir les yaourts quelques minutes, fermez-les avec les couvercles puis mettez-les au frais au moins 4 heures avant de les déguster.

Yaourts mangue-abricot

Ingrédients : *1 litre de lait, 1 yaourt nature, 8 cuillères à café de sucre de canne, ½ mangue bien mûre, 4 abricots bien mûrs*

1. Épluchez la mangue et les abricots puis coupez-les en tout petits dés. Faites-les cuire avec 4 cuillères à café de sucre pendant quelques minutes. Répartissez cette compote dans le fond des pots.
2. Fouettez le yaourt avec le reste du sucre. Ajoutez le lait en battant énergiquement. Versez la préparation dans les pots.
3. Programmez la yaourtière pour 10 à 12 heures.
4. Laissez refroidir les yaourts quelques minutes, fermez-les avec les couvercles puis mettez-les au frais au moins 4 heures avant de les déguster.

Variante

➢ *Essayez aussi la version mangue-ananas, à préparer avec de l'ananas frais ou en conserve.*

YAOURTS
VANILLE-ABRICOT SEC

Ingrédients : *1 litre de lait, 1 yaourt nature, 8 cuillères à café de sucre de canne, 1 gousse de vanille, 4 abricots secs*

1. Versez le lait dans une casserole à fond épais.
2. Ouvrez la gousse de vanille en deux dans le sens de la longueur. Grattez l'intérieur pour récupérer les petites graines. Versez-les dans le lait, avec la gousse fendue.
3. Coupez les abricots secs en tout petits dés. Ajoutez-les dans le lait.
4. Portez le lait à ébullition, à feu doux. Arrêtez le feu et laissez refroidir complètement.
5. Une fois le lait refroidi, retirez la gousse puis ajoutez le yaourt battu avec le sucre. Mélangez au fouet. Versez la préparation dans les pots.
6. Programmez la yaourtière pour 10 à 12 heures.
7. Laissez refroidir les yaourts quelques minutes, fermez-les avec les couvercles puis mettez-les au frais au moins 4 heures avant de les déguster.

Variante

➢ *À la place de la gousse de vanille, faites infuser trois brins de lavande dans le lait.*

Yaourts crémeux aux framboises

Ingrédients : *1 litre de lait entier, 1 yaourt nature, 2 cuillères à soupe de crème fraîche entière, 125 g de framboises, 5 cuillères à soupe de sucre*

1. Dans une petite casserole, faites cuire les framboises en les écrasant avec le sucre de manière à obtenir un coulis. Filtrez-le afin d'éliminer les pépins. Laissez-le refroidir.
2. Fouettez le yaourt avec la crème et le coulis refroidi. Ajoutez le lait en battant énergiquement. Versez la préparation dans les pots.
3. Programmez la yaourtière pour 10 à 12 heures.
4. Laissez refroidir les yaourts quelques minutes, fermez-les avec les couvercles puis mettez-les au frais au moins 4 heures avant de les déguster.

YAOURTS À LA GRENADINE

Ingrédients : *1 litre de lait, 1 yaourt nature, 4 cuillères à soupe de sirop de grenadine, 2 cuillères à soupe de lait concentré sucré*

1. Fouettez le yaourt avec le lait concentré sucré et le sirop de grenadine. Ajoutez le lait en battant énergiquement. Versez la préparation dans les pots.
2. Programmez la yaourtière pour 10 à 12 heures.
3. Laissez refroidir les yaourts quelques minutes, fermez-les avec les couvercles puis mettez-les au frais au moins 4 heures avant de les déguster.

Astuce !

La plupart des sirops vendus dans le commerce sous le nom de « grenadine » sont en réalité des sirops de… fruits rouges. Pour découvrir le vrai goût de ce fruit exotique, privilégiez les sirops artisanaux. Ou bien fabriquez-le vous-même ! Ouvrez deux grenades et évidez-les. Écrasez les graines à l'aide d'un presse-purée afin de récupérer le maximum de jus. Cela marche aussi très bien avec un presse-agrumes, sans avoir besoin d'évider le fruit ! Filtrez puis versez ce jus dans une casserole avec 200 g de sucre. Faites chauffer jusqu'à ébullition, filtrez à nouveau et mettez en bouteille.

Yaourts express à la fraise

Ingrédients : *1 litre de lait aromatisé à la fraise, 1 yaourt nature*

1. Mélangez le yaourt et le lait à la fraise à l'aide d'un fouet. Versez la préparation dans les pots.
2. Programmez la yaourtière pour 10 à 12 heures.
3. Laissez refroidir les yaourts quelques minutes, fermez-les avec les couvercles puis mettez-les au frais au moins 4 heures avant de les déguster.

Astuce !

Pour préparer vous-même votre lait aromatisé à la fraise, rien de plus simple : diluez 5 cuillères à soupe de sirop de fraise dans 1 litre de lait.

YAOURTS AMANDE-CERISE

Ingrédients : *1 litre de lait, 1 yaourt nature, 2 cuillères à soupe de crème fraîche, une vingtaine de cerises, ½ cuillère à café d'extrait d'amandes amères, 4 cuillères à soupe de sucre*

1. Lavez et dénoyautez les cerises. Coupez-les en tout petits morceaux. Ajoutez le sucre, mélangez et laissez macérer 30 minutes.
2. Battez le yaourt avec la crème fraîche et l'extrait d'amandes amères. Ajoutez le lait toujours en fouettant, puis les cerises. Versez la préparation dans les pots.
3. Programmez la yaourtière pour 10 à 12 heures.
4. Laissez refroidir les yaourts quelques minutes, fermez-les avec les couvercles puis mettez-les au frais au moins 4 heures avant de les déguster.

Yaourts passion

Ingrédients : *1 litre de lait, 1 yaourt nature, 3 fruits de la passion, 2 cuillères à soupe de jus d'orange, 4 cuillères à soupe de sucre*

1. Coupez les fruits de la passion en deux et récupérez les graines. Mettez-les dans une casserole avec le jus d'orange, 2 cuillères à soupe de sucre et 2 cuillères à soupe d'eau. Portez à ébullition et laissez cuire 2 minutes.
2. Versez le coulis dans le fond des pots.
3. Fouettez le yaourt avec le reste du sucre. Ajoutez le lait en battant énergiquement. Versez la préparation dans les pots.
4. Programmez la yaourtière pour 10 à 12 heures.
5. Laissez refroidir les yaourts quelques minutes, fermez-les avec les couvercles puis mettez-les au frais au moins 4 heures avant de les déguster.

Yaourts framboise-coco

Ingrédients : *1 litre de lait, 1 yaourt nature, 5 cuillères à soupe de noix de coco râpée, 3 cuillères à soupe de lait concentré sucré, 8 cuillères à soupe de confiture de framboises*

1. Versez le lait dans une casserole et ajoutez la noix de coco. Portez tout doucement à ébullition puis laissez refroidir complètement le lait avant de le filtrer.
2. Répartissez la confiture de framboises au fond des pots.
3. Battez le yaourt avec le lait concentré sucré, puis ajoutez le lait refroidi en continuant à fouetter. Versez la préparation dans les pots.
4. Programmez la yaourtière pour 10 à 12 heures.
5. Laissez refroidir les yaourts quelques minutes, fermez-les avec les couvercles puis mettez-les au frais au moins 4 heures avant de les déguster.

Yaourts aux pruneaux

Ingrédients : *1 litre de lait, 1 yaourt nature, 150 g de pruneaux dénoyautés, 4 cuillères à soupe de lait concentré sucré*

1. Coupez les pruneaux en petits morceaux.
2. Versez le lait dans une casserole et portez-le à ébullition. Hors du feu, ajoutez les pruneaux et laissez refroidir complètement le lait avant de le mixer.
3. Ajoutez le yaourt en battant à l'aide d'un fouet, puis le lait concentré sucré. Versez la préparation dans les pots.
4. Programmez la yaourtière pour 10 à 12 heures.
5. Laissez refroidir les yaourts quelques minutes, fermez-les avec les couvercles puis mettez-les au frais au moins 4 heures avant de les déguster.

Variante

➤ *Pour une version alcoolisée (à réserver aux plus grands), réhydratez les pruneaux une trentaine de minutes dans de l'armagnac. Puis mixez-les avec le lait, le yaourt et le lait concentré sucré.*

Yaourts figue-vanille au sirop d'agave

Ingrédients : *1 litre de lait, 1 yaourt nature, 8 figues sèches, 1 gousse de vanille, 4 cuillères à soupe de sirop d'agave*

1. Versez le lait dans une casserole à fond épais.
2. Ouvrez la gousse de vanille en deux dans le sens de la longueur. Grattez l'intérieur pour récupérer les petites graines. Versez-les dans le lait, avec la gousse fendue.
3. Coupez les figues en dés et ajoutez-les au mélange précédent.
4. Portez le lait à ébullition, à feu doux. Arrêtez le feu et laissez-le refroidir complètement.
5. Mixez le lait avec le yaourt et le sirop d'agave. Versez la préparation dans les pots.
6. Programmez la yaourtière pour 10 à 12 heures.
7. Laissez refroidir les yaourts quelques minutes, fermez-les avec les couvercles puis mettez-les au frais au moins 4 heures avant de les déguster.

Yaourts brassés aux fraises et basilic

Ingrédients : *1 litre de lait, 1 yaourt nature, 250 g de fraises, 15 feuilles de basilic, 8 cuillères à café de sucre*

1. Lavez les fraises, essuyez-les et équeutez-les. Mixez-les avec le sucre et le yaourt nature, jusqu'à obtenir une consistance homogène.
2. Lavez le basilic et ciselez-le très finement.
3. Mettez la préparation dans un saladier, ajoutez le basilic ciselé et le lait en battant énergiquement. Versez la préparation dans les pots.
4. Programmez la yaourtière pour 10 à 12 heures.
5. Laissez refroidir les yaourts quelques minutes, fermez-les avec les couvercles puis mettez-les au frais au moins 4 heures avant de les déguster.

Le conseil en plus : si vous n'aimez pas la texture du basilic ciselé dans votre yaourt, vous pouvez le mixer en même temps que les fraises, le sucre et le yaourt nature.

YAOURTS À LA BANANE

Ingrédients : *1 litre de lait, 1 yaourt nature, 2 bananes bien mûres, 8 cuillères à soupe de sucre de canne, 3 cuillères à soupe de lait concentré non sucré*

1. Pelez les bananes et écrasez-les grossièrement. Versez-les dans une casserole. Ajoutez le sucre et faites cuire la purée de bananes 1 à 2 minutes à feu doux en remuant sans cesse.
2. Ajoutez le lait et le lait concentré. Laissez cuire à feu doux pendant 5 minutes. Puis laissez refroidir complètement.
3. Battez le yaourt avec le lait refroidi. Versez la préparation dans les pots.
4. Programmez la yaourtière pour 10 à 12 heures.
5. Laissez refroidir les yaourts quelques minutes, fermez-les avec les couvercles puis mettez-les au frais au moins 4 heures avant de les déguster.

Le conseil en plus : pour une texture sans morceaux, vous pouvez mixer la purée de bananes avec le sucre avant d'y ajouter les autres ingrédients.

★ Idée présentation

Avant de servir, saupoudrez les yaourts de copeaux ou de vermicelles de chocolat.

Yaourts framboise-*mascarpone*

Ingrédients : *1 litre de lait, 1 yaourt nature, 140 g de mascarpone, 6 cuillères à café de sucre en poudre, 8 cuillères à soupe de coulis de framboises*

1. Répartissez le coulis dans le fond des pots.
2. Battez le yaourt avec le sucre et le *mascarpone* en fouettant énergiquement afin que le mélange soit bien homogène. Ajoutez le lait toujours en fouettant. Versez la préparation dans les pots.
3. Programmez la yaourtière pour 10 à 12 heures.
4. Laissez refroidir les yaourts quelques minutes, fermez-les avec les couvercles puis mettez-les au frais au moins 4 heures avant de les déguster.

Idée présentation

Au moment de servir, décorez ces yaourts d'une framboise fraîche.

YAOURTS CITRON-PAVOT

Ingrédients : *1 litre de lait, 1 yaourt nature, 2 citrons bio, 3 cuillères à café de graines de pavot, 3 cuillères à soupe de miel d'oranger*

1. Lavez les citrons et récupérez leur zeste.
2. Versez le lait dans une casserole avec les zestes de citron et faites-le chauffer jusqu'à ébullition. Arrêtez le feu et laissez infuser les zestes jusqu'à complet refroidissement. Filtrez.
3. Battez le yaourt avec le miel. Ajoutez le lait refroidi en fouettant énergiquement puis les graines de pavot. Répartissez la préparation dans les pots.
4. Programmez la yaourtière pour 10 à 12 heures.
5. Laissez refroidir les yaourts quelques minutes, fermez-les avec les couvercles puis mettez-les au frais au moins 4 heures avant de les déguster.

Variante

➢ *Vous pouvez remplacer les zestes de citron par 1 à 2 cuillères à soupe d'extrait naturel de citron.*

Yaourts vanillés sur lit de pêche

Ingrédients : *1 litre de lait, 1 yaourt nature, 1 gousse de vanille, 7 cuillères à café de sucre de canne complet, 2 pêches jaunes bien mûres*

1. Épluchez les pêches et écrasez leur chair grossièrement à la fourchette. Ajoutez 2 cuillères à café de sucre et mélangez. Répartissez cette compote dans le fond des pots.
2. Versez le lait dans une casserole à fond épais, et portez-le à ébullition, à feu doux.
3. Ouvrez la gousse de vanille en deux dans le sens de la longueur. Grattez l'intérieur pour récupérer les petites graines. Versez-les dans le lait ainsi que la gousse fendue. Laissez infuser la vanille jusqu'à complet refroidissement.
4. Une fois le lait refroidi, retirez la gousse puis ajoutez le yaourt battu avec le reste du sucre. Battez soigneusement au fouet. Versez la préparation dans les pots, sur les lits de pêche.
5. Programmez la yaourtière pour 10 à 12 heures.
6. Laissez refroidir les yaourts quelques minutes, fermez-les avec les couvercles puis mettez-les au frais au moins 4 heures avant de les déguster.

→

Variante

- *Pour un résultat similaire, vous pouvez également utiliser des compotes de fruits avec morceaux achetées dans le commerce : pêches, pommes, cerises, abricots…*

Yaourts à la pistache et compotée d'abricots

Ingrédients : *1 litre de lait, 1 yaourt nature, 1 cuillère à café d'arôme pistache, 4 abricots bien mûrs, 8 cuillères à café de sucre*

1. Pelez les abricots, coupez-les en morceaux et faites-les cuire à feu doux quelques minutes dans une petite casserole. Hors du feu, ajoutez 4 cuillères à café de sucre et mélangez. Laissez refroidir complètement.
2. Fouettez le yaourt avec l'arôme pistache et le reste du sucre. Ajoutez le lait en battant énergiquement.
3. Répartissez la compotée d'abricots dans le fond des pots, puis versez la préparation à la pistache.
4. Programmez la yaourtière pour 10 à 12 heures.
5. Laissez refroidir les yaourts quelques minutes, fermez-les avec les couvercles puis mettez-les au frais au moins 4 heures avant de les déguster.

Le conseil en plus : vous pouvez également utiliser des oreillons d'abricots en conserve. Veillez à bien les égoutter avant de les couper en petits morceaux. Dans ce cas, inutile de les faire cuire.

☆ Idée présentation

Décorez ces yaourts de pistaches non salées et concassées.

3.
Les yaourts exotiques

Yaourts à la cardamome

Ingrédients : *1 litre de lait, 1 yaourt nature, 8 cuillères à café de sucre de canne, 5 capsules de cardamome*

1. Ouvrez les capsules de cardamome et écrasez légèrement les graines noires qui se trouvent à l'intérieur (à l'aide d'un rouleau à pâtisserie par exemple).
2. Versez le lait et la cardamome dans une casserole. Portez à ébullition puis arrêtez le feu. Laissez infuser pendant 20 à 30 minutes avant de filtrer.
3. Fouettez le yaourt avec le sucre. Ajoutez le lait en battant énergiquement à l'aide d'un fouet. Versez la préparation dans les pots.
4. Programmez la yaourtière pour 10 à 12 heures.
5. Laissez refroidir les yaourts quelques minutes, fermez-les avec les couvercles puis mettez-les au frais au moins 4 heures avant de les déguster.

Le conseil en plus : la cardamome est le fruit de la plante du même nom. On l'utilise beaucoup dans la cuisine indienne mais aussi asiatique ou africaine. Elle a un goût citronné et très frais.

Variante

➢ *Sur le même principe, vous pouvez préparer des yaourts délicatement parfumés à l'anis. Comptez 1 à 2 cuillères à soupe de graines à faire infuser dans le lait chaud avant de filtrer.*

Yaourts aux trois épices

Ingrédients : *1 litre de lait, 1 yaourt nature, ½ gousse de vanille, ½ cuillère à café de cannelle, ½ cuillère à café de muscade, 4 cuillères à soupe de miel liquide*

1. Versez le lait dans une casserole.
2. Fendez la demi-gousse de vanille en deux dans le sens de la longueur et grattez-la afin d'en récupérer les graines. Mettez-les dans le lait avec la gousse fendue.
3. Ajoutez la cannelle et la muscade, faites chauffer tout doucement jusqu'à ébullition puis arrêtez le feu. Laissez infuser pendant 30 minutes environ avant de filtrer.
4. Fouettez le yaourt et le miel. Ajoutez le lait refroidi en battant énergiquement à l'aide d'un fouet. Versez la préparation dans les pots.
5. Programmez la yaourtière pour 10 à 12 heures.
6. Laissez refroidir les yaourts quelques minutes, fermez-les avec les couvercles puis mettez-les au frais au moins 4 heures avant de les déguster.

Yaourts tchaï

Ingrédients : *1 litre de lait, 1 yaourt nature, 2 cuillères à soupe de thé noir indien (ou 2 sachets), 4 graines de cardamome légèrement écrasées, 1 bâton de cannelle, 2 clous de girofle, 2 pincées de gingembre en poudre, 4 cuillères à soupe de sucre de canne*

1. Versez le lait dans une casserole et portez-le à ébullition. Hors du feu, ajoutez le thé et les épices. Laissez infuser à couvert pendant une trentaine de minutes, puis filtrez.
2. Battez le yaourt avec le sucre de canne. Ajoutez le lait refroidi toujours en fouettant. Versez la préparation dans les pots.
3. Programmez la yaourtière pour 10 à 12 heures.
4. Laissez refroidir les yaourts quelques minutes, fermez-les avec les couvercles puis mettez-les au frais au moins 4 heures avant de les déguster.

Astuce !

Pour une préparation express, utilisez des sachets de thé tchaï : comme il est déjà parfumé, vous n'avez pas besoin d'ajouter des épices.

YAOURTS MIEL-ORANGE-CANNELLE

Ingrédients : *1 litre de lait, 1 yaourt nature, 2 oranges bio, 4 cuillères à soupe de miel d'oranger, 1 cuillère à café de cannelle*

1. Récupérez les zestes des deux oranges. Mélangez-les dans un petit bol avec le miel et la cannelle. Laissez macérer au moins deux heures.
2. Versez le lait dans une casserole, ajoutez le miel parfumé et portez à ébullition. Puis laissez-le refroidir complètement.
3. Une fois que le lait est froid, incorporez le yaourt en battant à l'aide d'un fouet. Versez la préparation dans les pots.
4. Programmez la yaourtière pour 10 à 12 heures.
5. Laissez refroidir les yaourts quelques minutes, fermez-les avec les couvercles puis mettez-les au frais au moins 4 heures avant de les déguster.

Yaourts crémeux agave-tonka

Ingrédients : *1 litre de lait, 1 yaourt nature, 2 cuillères à soupe de crème fraîche, 3 cuillères à soupe de sirop d'agave, 1 fève tonka*

1. Versez le lait dans une casserole et portez-le à ébullition. Arrêtez le feu.
2. Râpez la fève tonka et ajoutez-la au lait, hors du feu. Laissez infuser 1 heure environ. Filtrez.
3. Fouettez le yaourt avec le sirop d'agave et la crème. Ajoutez le lait refroidi et filtré en battant à l'aide d'un fouet. Versez la préparation dans les pots.
4. Programmez la yaourtière pour 10 à 12 heures.
5. Laissez refroidir les yaourts quelques minutes, fermez-les avec les couvercles puis mettez-les au frais au moins 4 heures avant de les déguster.

Le conseil en plus : la fève tonka est le fruit du teck. Elle a un goût proche de celui de l'amande avec une pointe de vanille. On la trouve au rayon des épices et aromates.

Yaourts à la poire et au gingembre

Ingrédients : *1 litre de lait, 1 yaourt nature, 2 poires bien mûres, 1 cuillère à café de gingembre frais râpé, 8 cuillères à café de sucre de canne*

1. Épluchez les poires et coupez-les en dés. Faites-les cuire quelques minutes dans une petite casserole avec 3 cuillères à café de sucre et le gingembre râpé.
2. Répartissez la compotée de poires au fond des pots.
3. Fouettez le yaourt avec le reste du sucre. Ajoutez le lait en battant à l'aide d'un fouet. Versez la préparation dans les pots.
4. Programmez la yaourtière pour 10 à 12 heures.
5. Laissez refroidir les yaourts quelques minutes, fermez-les avec les couvercles puis mettez-les au frais au moins 4 heures avant de les déguster.

Yaourts aux fruits rouges épicés

Ingrédients : *1 litre de lait, 1 yaourt nature, 200 g de fruits rouges mélangés (frais ou surgelés) : framboises, myrtilles, mûres, groseilles..., 4 cuillères à soupe de sucre de canne, 2 à 3 pincées de gingembre en poudre, 2 à 3 pincées de coriandre en poudre, 2 à 3 pincées de cardamome en poudre*

1. Mettez les fruits rouges dans une petite casserole avec la moitié du sucre, les épices et 1 cuillère à soupe d'eau. Laissez cuire pendant quelques minutes à feu doux en remuant souvent.
2. Répartissez cette compote dans le fond des pots.
3. Fouettez le yaourt avec le reste du sucre. Ajoutez le lait en battant à l'aide d'un fouet. Versez la préparation dans les pots.
4. Programmez la yaourtière pour 10 à 12 heures.
5. Laissez refroidir les yaourts quelques minutes, fermez-les avec les couvercles puis mettez-les au frais au moins 4 heures avant de les déguster.

Yaourts au cactus

Ingrédients : *1 litre de lait, 1 yaourt nature, 4 cuillères à soupe de sirop de cactus, 2 cuillères à soupe de lait concentré sucré*

1. Battez le yaourt avec le sirop de cactus et le lait concentré. Ajoutez le lait en fouettant énergiquement. Versez la préparation dans les pots.
2. Programmez la yaourtière pour 10 à 12 heures.
3. Laissez refroidir les yaourts quelques minutes, fermez-les avec les couvercles puis mettez-les au frais au moins 4 heures avant de les déguster.

Yaourts au jasmin et *Aloe vera*

Ingrédients : *1 litre de lait, 1 yaourt nature, 2 cuillères à café de thé au jasmin (ou 2 sachets), 50 g d'*Aloe vera *en cubes, 8 cuillères à café de sucre*

1. Versez le lait dans une casserole et portez-le à ébullition. Hors du feu, ajoutez le thé et laissez infuser une vingtaine de minutes. Filtrez et laissez refroidir complètement.
2. Mixez l'*Aloe vera* avec le lait refroidi et le sucre. Versez la préparation dans les pots.
3. Programmez la yaourtière pour 10 à 12 heures.
4. Laissez refroidir les yaourts quelques minutes, fermez-les avec les couvercles puis mettez-les au frais au moins 4 heures avant de les déguster.

Le conseil en plus : vous trouverez de l'*Aloe vera* en sachets dans les épiceries asiatiques. Il s'agit d'une plante dont la pulpe, riche en acides aminés et en vitamines, est comestible. Elle existe en version nature ou aromatisée (litchi, mangue, ananas, raisin…).

4.
Les yaourts floraux

Yaourts à la lavande et sucre de canne

Ingrédients : *1 litre de lait, 1 yaourt nature, 3 brins de lavande, 8 cuillères à café de sucre de canne*

1. Versez le lait dans une casserole, ajoutez les brins de lavande et portez-le à ébullition. Arrêtez le feu et laissez-le refroidir complètement.
2. Battez le yaourt avec le sucre. Ajoutez le lait refroidi en fouettant énergiquement à l'aide d'un fouet. Versez la préparation dans les pots.
3. Programmez la yaourtière pour 10 à 12 heures.
4. Laissez refroidir les yaourts quelques minutes, fermez-les avec les couvercles puis mettez-les au frais au moins 4 heures avant de les déguster.

YAOURTS MIELLÉS À LA FLEUR D'ORANGER

Ingrédients : *1 litre de lait, 1 yaourt nature, 3 cuillères à soupe d'eau de fleur d'oranger, 3 cuillères à soupe de miel d'oranger*

1. Battez le yaourt avec le miel. Ajoutez la fleur d'oranger puis le lait en fouettant énergiquement. Versez la préparation dans les pots.
2. Programmez la yaourtière pour 10 à 12 heures.
3. Laissez refroidir les yaourts quelques minutes, fermez-les avec les couvercles puis mettez-les au frais au moins 4 heures avant de les déguster.

★ Idée présentation

Pour rester dans la thématique orientale, vous pouvez parsemer ce yaourt de pistaches nature hachées. Un délice !

Yaourts aux fleurs d'acacia du jardin

Ingrédients : *1 litre de lait, 1 yaourt nature, 2 belles grappes de fleurs d'acacia du jardin, 4 cuillères à soupe de miel d'acacia*

1. Versez le lait dans une casserole et portez-le à ébullition. Arrêtez le feu et ajoutez les fleurs d'acacia. Laissez infuser pendant au moins 2 heures avant de filtrer.
2. Fouettez le yaourt avec le miel. Ajoutez le lait parfumé refroidi en battant énergiquement à l'aide d'un fouet. Versez la préparation dans les pots.
3. Programmez la yaourtière pour 10 à 12 heures.
4. Laissez refroidir les yaourts quelques minutes, fermez-les avec les couvercles puis mettez-les au frais au moins 4 heures avant de les déguster.

À noter : n'utilisez jamais des fleurs achetées chez le fleuriste. Traitées avec des produits chimiques, elles sont impropres à la consommation.

Variantes

- *À défaut de fleurs fraîches, vous pouvez opter pour un bon sirop d'acacia artisanal. Comptez 4 cuillères à soupe de sirop d'acacia et 2 cuillères à soupe de miel d'acacia.*
- *Essayez aussi cette recette avec des fleurs de mimosa !*

→

Astuce !

Pour pouvoir faire toute l'année des yaourts avec les fleurs d'acacia de votre jardin, même hors saison, vous pouvez fabriquer votre propre sirop d'acacia. Portez à ébullition ½ litre d'eau. Hors du feu, faites infuser toute une nuit 150 g de fleurs d'acacia et ½ citron bio coupé en quatre. Le lendemain, filtrez la préparation, ajoutez 600 g de sucre et portez à ébullition. Mettez en bouteille.

Yaourts aux fleurs d'hibiscus

Ingrédients : *1 litre de lait, 1 yaourt nature, 2 cuillères à soupe de fleurs d'hibiscus séchées, 8 cuillères à café de sucre*

1. Versez le lait dans une casserole et portez-le à ébullition. Arrêtez le feu et ajoutez les fleurs d'hibiscus. Laissez infuser pendant au moins 2 heures avant de filtrer.
2. Fouettez le yaourt avec le sucre. Ajoutez le lait parfumé refroidi en battant énergiquement à l'aide d'un fouet. Versez la préparation dans les pots.
3. Programmez la yaourtière pour 10 à 12 heures.
4. Laissez refroidir les yaourts quelques minutes, fermez-les avec les couvercles puis mettez-les au frais au moins 4 heures avant de les déguster.

Yaourts au coquelicot et éclats de framboises

Ingrédients : *1 litre de lait, 1 yaourt nature, 100 g de framboises, 2 cuillères à soupe de sucre de canne, 4 cuillères à soupe de sirop de coquelicot, 1 cuillère à soupe de lait concentré sucré*

1. Coupez les framboises en deux et laissez-les macérer dans le sucre pendant 1 heure, puis répartissez-les dans le fond des pots.
2. Battez le yaourt avec le sirop de coquelicot et le lait concentré sucré. Ajoutez le lait en fouettant énergiquement. Versez la préparation dans les pots.
3. Programmez la yaourtière pour 10 à 12 heures.
4. Laissez refroidir les yaourts quelques minutes, fermez-les avec les couvercles puis mettez-les au frais au moins 4 heures avant de les déguster.

Yaourts à la rose sur coulis de framboises

Ingrédients : *1 litre de lait, 1 yaourt nature, 125 g de framboises, 8 cuillères à café de sucre de canne, 3 cuillères à café d'eau de rose*

1. Mettez les framboises, 1 cuillère à soupe d'eau et 4 cuillères à café de sucre dans une petite casserole. Laissez cuire quelques minutes en écrasant les framboises de manière à obtenir un coulis. Filtrez-le puis répartissez-le dans le fond des pots.
2. Battez le yaourt avec l'eau de rose et le reste du sucre. Ajoutez le lait en fouettant énergiquement. Versez la préparation dans les pots.
3. Programmez la yaourtière pour 10 à 12 heures.
4. Laissez refroidir les yaourts quelques minutes, fermez-les avec les couvercles puis mettez-les au frais au moins 4 heures avant de les déguster.

Yaourts à la violette et aux myrtilles

Ingrédients : *1 litre de lait, 1 yaourt nature, 5 cuillères à café de sucre de canne, 6 cuillères à soupe de myrtilles fraîches ou surgelées, 3 cuillères à soupe de sirop de violette*

1. Battez le yaourt avec le sucre et le sirop de violette. Ajoutez les myrtilles puis le lait en fouettant énergiquement. Versez la préparation dans les pots.
2. Programmez la yaourtière pour 10 à 12 heures.
3. Laissez refroidir les yaourts quelques minutes, fermez-les avec les couvercles puis mettez-les au frais au moins 4 heures avant de les déguster.

Yaourts à la rose et aux litchis

Ingrédients : *1 litre de lait, 1 yaourt nature, 8 litchis au sirop, 3 cuillères à soupe de sirop de rose, 3 cuillères à soupe de lait concentré sucré*

1. Mixez les litchis avec le sirop de rose et le lait concentré sucré. Ajoutez le yaourt en fouettant puis le lait. Versez la préparation dans les pots.
2. Programmez la yaourtière pour 10 à 12 heures.
3. Laissez refroidir les yaourts quelques minutes, fermez-les avec les couvercles puis mettez-les au frais au moins 4 heures avant de les déguster.

Yaourts vanille, miel et ylang-ylang

Ingrédients : *1 litre de lait, 1 yaourt nature, 1 cuillère à soupe d'extrait naturel de vanille, 4 cuillères à soupe de miel, 1 goutte d'huile essentielle d'ylang-ylang*

1. Dans un petit bol, diluez l'huile essentielle d'ylang-ylang et l'extrait naturel de vanille dans le miel.
2. Battez le yaourt avec le miel puis ajoutez le lait toujours en fouettant. Versez la préparation dans les pots.
3. Programmez la yaourtière pour 10 à 12 heures.
4. Laissez refroidir les yaourts quelques minutes, fermez-les avec les couvercles puis mettez-les au frais au moins 4 heures avant de les déguster.

Le conseil en plus : l'emploi des huiles essentielles en cuisine est délicat. Celle d'ylang-ylang étant très parfumée, contentez-vous d'une goutte ! Veillez également à bien la diluer dans le miel avant de l'ajouter au reste du mélange. Dernier conseil : choisissez une huile essentielle de qualité, bio de préférence.

5.
Les yaourts pâtissiers

Yaourts aux petits-beurre

Ingrédients : *1 litre de lait, 1 yaourt nature, 16 petits-beurre, 3 sachets de sucre vanillé*

1. Écrasez grossièrement les petits-beurre.
2. Versez le lait dans une casserole. Ajoutez les biscuits et faites chauffer doucement jusqu'à ce qu'ils soient bien fondus. Laissez refroidir avant de le filtrer.
3. Battez le yaourt avec le sucre vanillé. Ajoutez le lait refroidi en fouettant énergiquement. Versez la préparation dans les pots.
4. Programmez la yaourtière pour 10 à 12 heures.
5. Laissez refroidir les yaourts quelques minutes, fermez-les avec les couvercles puis mettez-les au frais au moins 4 heures avant de les déguster.

Variante

- *Vous pouvez réaliser la même recette avec différents gâteaux secs : sablés, tuiles aux amandes, biscuits roses de Reims, cookies…*

Yaourts aux Spéculoos et pommes caramélisées

Ingrédients : *1 litre de lait, 1 yaourt nature, 8 Speculoos, 2 petites pommes, 4 cuillères à soupe de caramel liquide, 1 pincée de cannelle, 1 noisette de beurre*

1. Épluchez les pommes et coupez-les en petits dés.
2. Faites chauffer le beurre dans une poêle, ajoutez les dés de pommes. Laissez-les dorer quelques minutes, puis ajoutez le caramel liquide et la cannelle. Mélangez bien puis arrêtez le feu.
3. Versez le lait dans une casserole. Ajoutez-les Spéculoos. Portez le tout à ébullition en remuant de temps en temps : les biscuits doivent avoir bien fondu. Hors du feu, ajoutez les pommes caramélisées et laissez refroidir complètement.
4. Une fois le lait refroidi, ajoutez le yaourt en battant à l'aide d'un fouet. Versez dans les pots.
5. Programmez la yaourtière pour 10 à 12 heures.
6. Laissez refroidir les yaourts quelques minutes, fermez-les avec les couvercles puis mettez-les au frais au moins 4 heures avant de les déguster.

Le conseil en plus : pour cette recette, préférez le lait demi-écrémé au lait entier. Sinon, vos yaourts risquent d'être un peu trop fermes et pâteux.

Variante

➢ *Vous pouvez remplacer les pommes par des poires.*

Yaourts façon tarte au citron

Ingrédients : *1 litre de lait, 1 yaourt nature, 4 cuillères à soupe de sucre de canne, 8 biscuits (type petits-beurre), 8 cuillères à café de* lemon curd

1. Émiettez grossièrement les biscuits.
2. Versez le lait dans une casserole avec les biscuits. Faites chauffer à feu doux, jusqu'à ce qu'ils soient bien fondus. Filtrez.
3. Ajoutez le sucre de canne. Laissez refroidir.
4. Répartissez le *lemon curd* dans le fond des pots.
5. Une fois le lait refroidi, ajoutez le yaourt et battez avec un fouet. Versez la préparation dans les pots.
6. Programmez la yaourtière pour 10 à 12 heures.
7. Laissez refroidir les yaourts quelques minutes, fermez-les avec les couvercles puis mettez-les au frais au moins 4 heures avant de les déguster.

✯ Idée présentation

Pour parfaire la thématique « tarte au citron », servez ces yaourts avec des mini-meringues. Effet garanti !

→

★ **Astuce !**

Vous pouvez préparer votre *lemon curd* vous-même. La recette : dans une casserole, versez le zeste de 1 citron bio + le jus de 2 citrons + 50 g de sucre. Laissez fondre à feu doux. Délayez 1 cuillère à café de fécule de maïs dans 1 cuillère à soupe d'eau et ajoutez au mélange précédent. Portez à ébullition et laissez cuire quelques minutes afin que la crème épaississe. C'est prêt !

Yaourts façon tarte sablée aux fraises

Ingrédients : *1 litre de lait, 1 yaourt nature, 8 fraises, 8 sablés (type Roudor), 4 cuillères à café de sucre de canne, 2 cuillères à soupe de sirop de fraises*

1. Rincez et équeutez les fraises. Coupez-les en tout petits dés et laissez-les macérer avec le sucre pendant au moins 1 heure.
2. Mixez les sablés.
3. Mélangez le lait avec les miettes de sablés, les fraises au sucre et le sirop de fraises.
4. Ajoutez le yaourt en battant à l'aide d'un fouet. Répartissez la préparation dans des pots.
5. Programmez la yaourtière pour 10 à 12 heures.
6. Laissez refroidir les yaourts quelques minutes, fermez-les avec les couvercles puis mettez-les au frais au moins 4 heures avant de les déguster.

Variante

➢ *Vous pouvez remplacer les fraises par d'autres fruits rouges : framboises, myrtilles…*

YAOURTS FAÇON AMANDINE AUX POIRES

Ingrédients : *1 litre de lait, 1 yaourt nature, 2 poires bien mûres, 6 biscuits (type tuiles aux amandes), 3 cuillères à soupe de lait concentré sucré, 3 cuillères à soupe de purée d'amandes, 1 noix de beurre*

1. Versez le lait dans une casserole avec la purée d'amandes. Faites-le chauffer à feu doux jusqu'à ce que la purée d'amandes soit bien fondue. Laissez refroidir complètement.
2. Épluchez les poires et coupez-les en dés. Émiettez les biscuits.
3. Faites fondre le beurre dans une petite casserole. Ajoutez les dés de poires et les biscuits émiettés. Laissez cuire quelques minutes. Répartissez la compote de poires biscuitées dans le fond des pots.
4. Battez le yaourt avec le lait concentré. Ajoutez le lait refroidi toujours en fouettant. Versez la préparation dans les pots.
5. Programmez la yaourtière pour 10 à 12 heures.
6. Laissez refroidir les yaourts quelques minutes, fermez-les avec les couvercles puis mettez-les au frais au moins 4 heures avant de les déguster.

★ Idée présentation

Servez ces yaourts avec des tuiles aux amandes.

Yaourts façon *tiramisu*

Ingrédients : *1 litre de lait, 1 yaourt nature, 140 g de mascarpone, 6 cuillères à café d'amaretto, 3 cuillères à soupe de sucre, 8 biscuits à la cuillère, 1 tasse de café bien fort*

1. Trempez rapidement les biscuits dans le café. Écrasez-les et répartissez-les dans le fond des pots.
2. Battez le yaourt avec le *mascarpone*, l'*amaretto* et le sucre en fouettant énergiquement afin que le mélange soit homogène. Ajoutez le lait toujours en fouettant. Versez la préparation dans les pots.
3. Programmez la yaourtière pour 10 à 12 heures.
4. Laissez refroidir les yaourts quelques minutes, fermez-les avec les couvercles puis mettez-les au frais au moins 4 heures avant de les déguster.

Idée présentation

Préparez ces yaourts dans des verrines, et saupoudrez-les de cacao avant de servir.

YAOURTS DOUBLE ROSE

Ingrédients : *1 litre de lait, 1 yaourt nature, 8 biscuits roses de Reims, 3 cuillères à soupe d'eau de rose, 2 cuillères à soupe de sucre de canne*

1. Mixez les biscuits jusqu'à obtenir une poudre fine. Ajoutez le lait et laissez reposer 1 heure environ avant de filtrer.
2. Battez le yaourt avec le sucre et l'eau de rose. Ajoutez le lait parfumé aux biscuits toujours en fouettant énergiquement. Versez la préparation dans les pots.
3. Programmez la yaourtière pour 10 à 12 heures.
4. Laissez refroidir les yaourts quelques minutes, fermez-les avec les couvercles puis mettez-les au frais au moins 4 heures avant de les déguster.

☆ Idée présentation

Décorez vos yaourts d'une framboise, et accompagnez-les d'un biscuit rose de Reims.

6.
Les yaourts bonbons

Yaourts aux deux fraises

Ingrédients : *1 litre de lait entier, 1 yaourt nature, 200 g de fraises, 16 fraises Tagada, 6 cuillères à café de sucre*

1. Lavez et équeutez les fraises. Coupez-les en tout petits morceaux et faites-les macérer dans le sucre au moins 1 heure.
2. Coupez les fraises Tagada en petits morceaux.
3. Versez le lait dans une casserole et ajoutez les fraises Tagada. Faites chauffer tout doucement jusqu'à ce que les bonbons soient fondus (ne pas faire bouillir !). Laissez refroidir complètement la préparation avant de la filtrer.
4. Battez le yaourt avec le lait refroidi en fouettant énergiquement. Versez la préparation dans les pots et répartissez les fraises au sucre.
5. Programmez la yaourtière pour 10 à 12 heures.
6. Laissez refroidir les yaourts quelques minutes, fermez-les avec les couvercles puis mettez-les au frais au moins 4 heures avant de les déguster.

Le conseil en plus : pour une recette bien parfumée, choisissez des fraises de qualité, type Garriguettes.

Variante

➢ *À la place des fraises Tagada, vous pouvez utiliser du sirop au parfum « Fraise bonbon ». Comptez-en 2 à 3 cuillères à soupe.*

YAOURTS AUX CARAMELS AU BEURRE SALÉ

Ingrédients : *1 litre de lait entier, 1 yaourt nature, une vingtaine de bonbons au caramel au beurre salé*

1. Coupez les caramels en petits morceaux.
2. Versez le lait et les morceaux de bonbons dans une casserole. Faites chauffer tout doucement jusqu'à ce que les caramels soient bien fondus. Laissez refroidir complètement.
3. Battez le yaourt avec le lait refroidi. Versez la préparation dans les pots.
4. Programmez la yaourtière pour 10 à 12 heures.
5. Laissez refroidir les yaourts quelques minutes, fermez-les avec les couvercles puis mettez-les au frais au moins 4 heures avant de les déguster.

Yaourts miel-nougat

Ingrédients : *1 litre de lait, 1 yaourt nature, 150 g de nougat, 1 cuillère à soupe de miel*

1. Coupez le nougat en petits dés.
2. Versez le lait dans une casserole. Ajoutez les dés de nougat et faites-les fondre à feu doux. Laissez refroidir complètement.
3. Battez le yaourt avec le miel, puis ajoutez le lait refroidi en fouettant énergiquement. Versez la préparation dans les pots.
4. Programmez la yaourtière pour 10 à 12 heures.
5. Laissez refroidir les yaourts quelques minutes, fermez-les avec les couvercles puis mettez-les au frais au moins 4 heures avant de les déguster.

Yaourts à la crème de calisson

Ingrédients : *1 litre de lait, 1 yaourt nature, 6 cuillères à soupe de crème de calisson*

1. Versez le lait dans une casserole. Ajoutez la crème de calisson et faites-la fondre à feu doux. Laissez refroidir complètement.
2. Mélangez le yaourt avec le lait refroidi à l'aide d'un fouet. Versez la préparation dans les pots.
3. Programmez la yaourtière pour 10 à 12 heures.
4. Laissez refroidir les yaourts quelques minutes, fermez-les avec les couvercles puis mettez-les au frais au moins 4 heures avant de les déguster.

7. Les yaourts super gourmands

Yaourts au *dulce de leche*

Ingrédients : *1 litre de lait entier, 1 yaourt nature, 180 g de* dulce de leche

1. Versez le lait dans une casserole et faites-y fondre le *dulce de leche* à feu doux, jusqu'à ce que le mélange soit bien homogène. Laissez refroidir.
2. Battez le yaourt nature avec le lait refroidi. Versez dans les pots.
3. Programmez la yaourtière pour 10 à 12 heures.
4. Laissez refroidir les yaourts quelques minutes, fermez-les avec les couvercles puis mettez-les au frais au moins 4 heures avant de les déguster.

Astuce !

Le *dulce de leche*, d'origine argentine, est une confiture de lait. C'est d'ailleurs sous ce nom qu'on le trouve en France, et notamment en Normandie ou en Bretagne. Vous pouvez aussi le fabriquer vous-même. La recette : dans une casserole à fond épais, versez ½ litre de lait entier ou demi-écrémé + 250 g de sucre en poudre + 1 gousse de vanille fendue en deux et grattée. Portez à ébullition pendant 1 à 2 minutes, puis réduisez le feu. Laissez cuire tout doucement pendant 1 h 30 à 2 heures, en remuant très souvent. La confiture doit avoir pris une belle couleur caramel. Laissez refroidir avant de déguster. À conserver au réfrigérateur, et à consommer dans les 10 jours.

YAOURTS AU CHOCOLAT AU LAIT ET ÉCLATS DE NOISETTES

Ingrédients : *1 litre de lait, 1 yaourt nature, 180 g de chocolat au lait aux éclats de noisettes, 8 cuillères à café de sucre de canne, 1 cuillère à café d'extrait de vanille*

1. Versez le lait dans une casserole avec le chocolat cassé en morceaux. Faites fondre à feu doux jusqu'à ce que le chocolat soit bien fondu. Hors du feu, ajoutez le sucre et l'extrait de vanille. Laissez refroidir.
2. Battez le yaourt avec le lait refroidi. Versez la préparation dans les pots.
3. Programmez la yaourtière pour 10 à 12 heures.
4. Laissez refroidir les yaourts quelques minutes, fermez-les avec les couvercles puis mettez-les au frais au moins 4 heures avant de les déguster.

Variante

➢ *Vous pouvez aussi utiliser du chocolat aux éclats d'amandes, de pistaches, de fruits secs…*

Yaourts abricot et chocolat blanc

Ingrédients : *1 litre de lait, 1 yaourt nature, 8 cuillères à café de confiture d'abricots, 150 g de chocolat blanc, 3 cuillères à soupe de sucre*

1. Versez le lait dans une casserole. Ajoutez le chocolat blanc cassé en morceaux, et faites-le fondre à feu doux. Laissez refroidir complètement.
2. Répartissez la confiture d'abricots au fond des pots.
3. Battez le yaourt avec le sucre. Ajoutez le lait refroidi toujours en fouettant. Versez la préparation dans les pots.
4. Programmez la yaourtière pour 10 à 12 heures.
5. Laissez refroidir les yaourts quelques minutes, fermez-les avec les couvercles puis mettez-les au frais au moins 4 heures avant de les déguster.

YAOURTS MIEL-CHÂTAIGNE

Ingrédients : *1 litre de lait, 1 yaourt nature, 2 cuillères à soupe de miel de châtaignier, 8 cuillères à soupe de confiture de châtaignes (ou purée de marrons)*

1. Répartissez la confiture de châtaignes dans le fond des pots
2. Fouettez le yaourt et le miel. Ajoutez le lait et battez énergiquement. Versez dans les pots.
3. Programmez la yaourtière pour 10 à 12 heures.
4. Laissez refroidir les yaourts quelques minutes, fermez-les avec les couvercles puis mettez-les au frais au moins 4 heures avant de les déguster.

Le conseil en plus : le miel de châtaignier a un goût assez prononcé. Vous pouvez le remplacer par un miel plus doux : acacia, oranger…

Variante

➢ *Essayez cette recette avec du lait de chèvre (ou un mélange de lait de chèvre et de lait de vache). Cela ressemblera aux yaourts chèvre-châtaigne bien connus de ceux et celles qui fréquentent les magasins bio.*

YAOURTS MENTHE-CHOCOLAT

Ingrédients : *1 litre de lait, 1 yaourt nature, 5 cuillères à soupe de cacao non sucré, 2 cuillères à soupe de sirop de menthe, 5 cuillères à soupe de sucre en poudre*

1. Versez le lait dans une casserole. Faites-le chauffer à feu doux jusqu'à ébullition. Hors du feu, ajoutez le cacao et le sucre et mélangez jusqu'à dissolution complète. Laissez refroidir complètement.
2. Battez le yaourt avec le sirop de menthe. Ajoutez le lait cacaoté refroidi, toujours en fouettant. Versez la préparation dans les pots.
3. Programmez la yaourtière pour 10 à 12 heures.
4. Laissez refroidir les yaourts quelques minutes, fermez-les avec les couvercles puis mettez-les au frais au moins 4 heures avant de les déguster.

Astuce !

Et si vous prépariez votre sirop de menthe vous-même ? Pour cela, lavez 100 g de feuilles de menthe et mettez-les dans un saladier. Ajoutez ½ litre d'eau bouillante, et laissez infuser pendant une journée. Filtrez puis versez le liquide dans une casserole avec 500 g de sucre. Portez à ébullition puis laissez refroidir avant de mettre en bouteille. À conserver au frais.

YAOURTS AU SIROP D'ÉRABLE ET GELÉE DE MYRTILLES

Ingrédients : *1 litre de lait, 1 yaourt nature, 5 cuillères à soupe de sirop d'érable, 4 cuillères à soupe de myrtilles surgelées, ¼ de cuillère à café d'agar-agar*

1. Fouettez le yaourt avec 4 cuillères à soupe de sirop d'érable. Ajoutez le lait et battez énergiquement. Versez dans les pots.
2. Programmez la yaourtière pour 10 à 12 heures.
3. Dans une petite casserole, versez les myrtilles surgelées avec le reste de sirop d'érable. Portez à ébullition. Ajoutez l'agar-agar, mélangez bien et laissez bouillir 1 à 2 minutes. Puis laissez refroidir 3 à 4 minutes (la préparation doit refroidir mais pas gélifier).
4. Versez la préparation aux myrtilles sur les yaourts.
5. Laissez refroidir quelques minutes puis fermez les pots avec les couvercles et mettez-les au frais au moins 4 heures avant de déguster.

Le conseil en plus : utilisez de préférence des myrtilles surgelées, elles vont rendre du jus, indispensable à la réalisation de la gelée. Sinon, ajoutez 1 à 2 cuillères à soupe d'eau.

Yaourts façon crème brûlée au caramel

Ingrédients : *1 litre de lait entier, 1 yaourt nature, 1 cuillère à soupe d'extrait de vanille, 5 cuillères à soupe de caramel liquide, 6 cuillères à soupe de sucre de canne*

1. Fouettez le yaourt avec l'extrait de vanille, le caramel liquide et 2 cuillères à soupe de sucre de canne. Ajoutez le lait et battez énergiquement. Versez dans les pots.
2. Programmez la yaourtière pour 10 à 12 heures.
3. Laissez refroidir les yaourts quelques minutes, fermez-les avec les couvercles puis mettez-les au frais au moins 4 heures.
4. 30 minutes avant de servir, répartissez le reste du sucre à la surface des yaourts. Faites-les caraméliser à l'aide d'un chalumeau. Remettez les yaourts au frais jusqu'au moment de servir.

Le conseil en plus : ne mettez pas vos yaourts sous le gril du four pour les faire caraméliser, ils tourneraient ! Préférez le chalumeau, que vous passerez rapidement pour ne pas trop réchauffer le yaourt.

Idée présentation

Autre astuce clin d'œil à la crème brûlée : préparez vos yaourts dans des pots en terre.

YAOURTS *CAPPUCCINO*

Ingrédients : *1 litre de lait entier, 1 yaourt nature, 4 cuillères à soupe de crème fraîche entière, 4 cuillères à café de café instantané, 8 cuillères à café de sucre, 3 cuillères à café de cacao en poudre*

1. Délayez le café et le sucre en poudre dans le lait. Ajoutez le yaourt et 2 cuillères à soupe de crème fraîche en battant au fouet. Versez dans les pots.
2. Programmez la yaourtière pour 10 à 12 heures.
3. Laissez refroidir les yaourts quelques minutes, fermez-les avec les couvercles puis mettez-les au frais au moins 4 heures avant de les déguster.
4. Avant de servir, décorez vos yaourts du reste de crème et saupoudrez-les de cacao.

Yaourts crémeux aux poires et couche de chocolat craquant

Ingrédients : *1 litre de lait entier, 1 yaourt nature, 2 cuillères à soupe de crème fraîche entière, 2 poires bien mûres, 8 cuillères à café de sucre de canne, 150 g de chocolat noir à fondre*

1. Épluchez les poires et écrasez-les grossièrement à la fourchette avec le sucre.
2. Mélangez le yaourt avec la purée de poires et la crème fraîche. Ajoutez le lait en battant énergiquement à l'aide d'un fouet. Versez la préparation dans des pots.
3. Programmez la yaourtière pour 10 à 12 heures.
4. Laissez refroidir les yaourts quelques minutes, fermez-les avec les couvercles puis mettez-les au frais au moins 4 heures.
5. 30 minutes avant de servir, faites fondre le chocolat au bain-marie. Versez-le en couche fine sur les yaourts et lissez la surface. Remettez au frais afin que la couche de chocolat durcisse.

YAOURTS VANILLE, MIEL ET AMANDES GRILLÉES

Ingrédients : *1 litre de lait, 1 yaourt nature, 1 gousse de vanille, 60 g d'amandes effilées, 4 cuillères à soupe de miel liquide (acacia, lavande...)*

1. Versez le lait dans une casserole à fond épais.
2. Ouvrez la gousse de vanille en deux dans le sens de la longueur. Grattez l'intérieur pour récupérer les petites graines. Versez-les dans le lait avec la gousse fendue. Portez à ébullition, à feu doux. Hors du feu, laissez infuser la vanille jusqu'à complet refroidissement.
3. Dans une poêle, faites griller les amandes à sec jusqu'à ce qu'elles soient légèrement dorées. Versez-les dans un saladier. Ajoutez le miel sur les amandes encore chaudes, puis écrasez-les à l'aide d'une cuillère.
4. Ajoutez le yaourt et le lait vanillé refroidi en battant à l'aide d'un fouet. Versez dans les pots.
5. Programmez la yaourtière pour 10 à 12 heures.
6. Laissez refroidir les yaourts quelques minutes, fermez-les avec les couvercles puis mettez-les au frais au moins 4 heures avant de les déguster.

Yaourts au müesli

Ingrédients : *1 litre de lait, 1 yaourt nature, 3 cuillères à soupe de miel, 8 cuillères à café de müesli*

1. Déposez 1 cuillère à café de müesli au fond de chaque pot.
2. Battez le yaourt avec le miel. Ajoutez le lait en fouettant énergiquement. Versez dans les pots.
3. Programmez la yaourtière pour 10 à 12 heures.
4. Laissez refroidir les yaourts quelques minutes, fermez-les avec les couvercles puis mettez-les au frais au moins 4 heures avant de les déguster.

Variante

➢ *À tester aussi avec toutes sortes de céréales du petit déjeuner ! Attention, certaines étant déjà très sucrées, nul besoin d'ajouter du miel.*

YAOURTS SOJA-MIEL-SÉSAME

Ingrédients : *1 litre de lait de soja, 1 yaourt nature au lait de soja, 4 cuillères à soupe de miel liquide, 1 cuillère à soupe de purée de sésame blanc, 1 cuillère à soupe de graines de sésame*

1. Battez le yaourt avec la purée de sésame jusqu'à ce que le mélange soit bien homogène. Ajoutez le miel toujours en fouettant, puis le lait.
2. Versez la préparation dans les pots. Saupoudrez de graines de sésame.
3. Programmez la yaourtière pour 10 à 12 heures.
4. Laissez refroidir les yaourts quelques minutes, fermez-les avec les couvercles puis mettez-les au frais au moins 4 heures avant de les déguster.

Le conseil en plus : la purée de sésame ou tahin s'achète dans les magasins bio. Privilégiez celle au sésame blanc plutôt que celle au sésame demi-complet, dont le goût est plus intense.

Yaourts aux noix de pécan et sirop d'érable

Ingrédients : *1 litre de lait, 1 yaourt nature, 2 cuillères à soupe de crème fraîche, 80 g de noix de pécan, 5 cuillères à soupe de sirop d'érable*

1. Écrasez grossièrement les noix de pécan et répartissez-les au fond des pots.
2. Battez le yaourt avec la crème fraîche et le sirop d'érable. Ajoutez le lait toujours en fouettant. Versez la préparation dans les pots.
3. Programmez la yaourtière pour 10 à 12 heures.
4. Laissez refroidir les yaourts quelques minutes, fermez-les avec les couvercles puis mettez-les au frais au moins 4 heures avant de les déguster.

Variante

➢ *Vous pouvez remplacer les noix de pécan par des noix ou des amandes concassées.*

Yaourts *stracciatella*

Ingrédients : *1 litre de lait, 1 yaourt nature, 2 cuillères à soupe de crème fraîche, 50 g de chocolat noir, 4 cuillères à soupe de sucre*

1. Râpez le chocolat noir.
2. Battez le yaourt avec la crème fraîche et le sucre. Ajoutez le lait toujours en fouettant puis le chocolat râpé. Versez la préparation dans les pots.
3. Programmez la yaourtière pour 10 à 12 heures.
4. Laissez refroidir les yaourts quelques minutes, fermez-les avec les couvercles puis mettez-les au frais au moins 4 heures avant de les déguster.

YAOURTS BELLE-HÉLÈNE

Ingrédients : *1 litre de lait, 1 yaourt nature, 2 poires bien mûres, 1 cuillère à soupe d'arôme naturel de vanille, 2 cuillères à soupe de crème fraîche, 4 cuillères à soupe de sucre, 50 de chocolat noir*

1. Épluchez les poires et coupez-les en tout petits dés. Faites-les cuire dans 2 cuillères à soupe de sucre pendant quelques minutes jusqu'à obtenir une compote. Répartissez-la dans le fond des pots.
2. Râpez le chocolat noir.
3. Battez le yaourt avec la crème fraîche, l'arôme naturel de vanille et le reste du sucre. Ajoutez le lait toujours en fouettant, puis les copeaux de chocolat. Versez la préparation dans les pots.
4. Programmez la yaourtière pour 10 à 12 heures.
5. Laissez refroidir les yaourts quelques minutes, fermez-les avec les couvercles puis mettez-les au frais au moins 4 heures avant de les déguster.

8.
Les yaourts alcoolisés

Des recettes à réserver aux grands !
L'abus d'alcool est dangereux pour la santé.

Yaourts au *limoncello*

Ingrédients : *1 litre de lait, 1 yaourt nature, 4 cuillères à soupe de* limoncello*, 2 cuillères à soupe de sucre*

1. Fouettez le yaourt avec le sucre. Ajoutez le *limoncello* en fouettant énergiquement, puis le lait. Versez dans les pots.
2. Programmez la yaourtière pour 10 à 12 heures.
3. Laissez refroidir les yaourts quelques minutes, fermez-les avec les couvercles puis mettez-les au frais au moins 4 heures avant de les déguster.

Idée présentation

Préparez ces yaourts dans des verrines, et servez-les bien frais à vos invités avec une tarte aux fruits rouges.

Yaourts rhum-raisins

Ingrédients : *1 litre de lait, 1 yaourt nature, 3 cuillères à soupe de raisins secs, 3 cuillères à soupe de rhum, 4 cuillères à soupe de sucre de canne liquide, 1 cuillère à soupe de crème fraîche entière*

1. Faites macérer les raisins dans le rhum pendant 1 à 2 heures. Égouttez-les puis répartissez-les dans le fond des pots.
2. Battez le yaourt avec la crème fraîche et le sucre de canne liquide. Ajoutez le lait en fouettant. Versez dans les pots.
3. Programmez la yaourtière pour 10 à 12 heures.
4. Laissez refroidir les yaourts quelques minutes, fermez-les avec les couvercles puis mettez-les au frais au moins 4 heures avant de les déguster.

★ Idée présentation

Proposez ces yaourts en accompagnement de dés d'ananas caramélisés à la poêle.

Yaourts aux griottes et au kirsch

Ingrédients : *1 litre de lait, 1 yaourt nature, 4 cuillères à soupe de lait concentré sucré, une trentaine de griottes macérées au kirsch*

1. Répartissez les griottes dans le fond des pots. Gardez-en huit pour le décor.
2. Battez le yaourt avec le lait concentré sucré. Ajoutez le lait toujours en fouettant. Versez la préparation dans les pots.
3. Programmez la yaourtière pour 10 à 12 heures.
4. Laissez refroidir les yaourts quelques minutes, fermez-les avec les couvercles puis mettez-les au frais au moins 4 heures avant de les déguster.

Yaourts à l'*amaretto* et éclats de chocolat

Ingrédients : *1 litre de lait, 1 yaourt nature, 3 cuillères à soupe d'amaretto, 2 cuillères à soupe de sucre, 2 cuillères à soupe de lait concentré sucré, 30 g de chocolat noir*

1. Râpez le chocolat noir.
2. Battez le yaourt avec le lait concentré, le sucre et l'*amaretto*. Ajoutez le chocolat râpé puis le lait toujours en fouettant. Versez la préparation dans les pots.
3. Programmez la yaourtière pour 10 à 12 heures.
4. Laissez refroidir les yaourts quelques minutes, fermez-les avec les couvercles puis mettez-les au frais au moins 4 heures avant de les déguster.

★ Idée présentation

Préparez ces yaourts dans des petites verrines et proposez-les en trio gourmand, accompagnés d'une mini-mousse au chocolat et d'un mini-*tiramisu*.

Yaourts grog

Ingrédients : *1 litre de lait, 1 yaourt nature, 1 cuillère à soupe d'arôme naturel de citron, 3 cuillères à soupe de miel de lavande, 3 cuillères à soupe de rhum*

1. Battez le yaourt avec le miel et l'arôme de citron. Ajoutez le rhum et le lait en fouettant énergiquement. Versez la préparation dans les pots.
2. Programmez la yaourtière pour 10 à 12 heures.
3. Laissez refroidir les yaourts quelques minutes, fermez-les avec les couvercles puis mettez-les au frais au moins 4 heures avant de les déguster.

Yaourts *Irish-coffee*

Ingrédients : *1 litre de lait, 1 yaourt nature, 6 cuillères à café de café soluble, 8 cuillères à café de sucre en poudre, 3 cuillères à soupe de whisky, 2 cuillères à soupe de crème fraîche*

1. Diluez le café soluble dans le lait. Ajoutez le whisky et le sucre en poudre. Mélangez bien.
2. Battez le yaourt avec la crème fraîche. Ajoutez le lait parfumé au café toujours en fouettant. Versez la préparation dans les pots.
3. Programmez la yaourtière pour 10 à 12 heures.
4. Laissez refroidir les yaourts quelques minutes, fermez-les avec les couvercles puis mettez-les au frais au moins 4 heures avant de les déguster.

★ Idée présentation

Préparez ces yaourts dans des verrines ou des tasses. Avant de servir, vous pouvez les surmonter d'une petite couche de crème chantilly.

Yaourts aux deux cassis

Ingrédients : *1 litre de lait, 1 yaourt nature, 8 cuillères à café de confiture de cassis, 4 cuillères à soupe de lait concentré sucré, 3 cuillères à soupe de liqueur de cassis*

1. Répartissez la confiture de cassis dans le fond des pots.
2. Battez le yaourt avec le lait concentré sucré et la liqueur de cassis. Ajoutez le lait, toujours en fouettant. Versez la préparation dans les pots.
3. Programmez la yaourtière pour 10 à 12 heures.
4. Laissez refroidir les yaourts quelques minutes, fermez-les avec les couvercles puis mettez-les au frais au moins 4 heures avant de les déguster.

9.
Les yaourts salés

Yaourts moutarde-curry

Ingrédients : *1 litre de lait, 1 yaourt nature, 5 cuillères à café de moutarde à l'ancienne, 1 cuillère à café de curry en poudre*

1. Fouettez le yaourt avec la moutarde et le curry. Ajoutez le lait en battant à l'aide d'un fouet. Versez dans les pots.
2. Programmez la yaourtière pour 10 à 12 heures.
3. Laissez refroidir les yaourts quelques minutes, fermez-les avec les couvercles puis mettez-les au frais au moins 4 heures avant de les déguster.

★ Idée présentation

Servez ce yaourt comme une petite sauce salée, en accompagnement de bâtons de crudités, sur une salade de pommes de terre…

YAOURTS SOJA-PIMENT D'ESPELETTE

Ingrédients : *1 litre de lait de soja, 1 yaourt nature au lait de soja, ½ cuillère à café de piment d'Espelette*

1. Versez le lait de soja dans une casserole. Ajoutez le piment d'Espelette et faites-le chauffer à feu doux jusqu'à ébullition. Arrêtez le feu et laissez refroidir complètement.
2. Battez le yaourt avec le lait refroidi. Versez la préparation dans les pots.
3. Programmez la yaourtière pour 10 à 12 heures.
4. Laissez refroidir les yaourts quelques minutes, fermez-les avec les couvercles puis mettez-les au frais au moins 4 heures avant de les déguster.

Variante

➢ *À la place du piment d'Espelette, vous pouvez utiliser de la moutarde au piment d'Espelette. Comptez 3 à 4 cuillères à café par litre de lait.*

★ Idée présentation

Servez ces yaourts en accompagnement d'une viande blanche (filet de poulet par exemple) ou d'une assiette de crevettes roses.

Yaourts au *gomasio*

Ingrédients : *1 litre de lait, 1 yaourt nature, 2 cuillères à soupe de crème fraîche, 4 cuillères à soupe de* gomasio, *poivre*

1. Battez le yaourt avec la crème et le *gomasio*. Poivrez. Ajoutez le lait en fouettant. Versez la préparation dans les pots.
2. Programmez la yaourtière pour 10 à 12 heures.
3. Laissez refroidir les yaourts quelques minutes, fermez-les avec les couvercles puis mettez-les au frais au moins 4 heures avant de les déguster.

Le conseil en plus : le *gomasio* est un mélange de sel et de graines de sésame. On l'utilise en cuisine pour remplacer le sel. On en trouve dans les magasins bio.

☆ Idée présentation

Utilisez ce yaourt comme une sauce, parfaite pour assaisonner des carottes râpées par exemple.

YAOURTS CRÉMEUX AU CAMEMBERT ET BAIES ROSES

Ingrédients : *1 litre de lait entier, 1 yaourt nature, 200 g de camembert, 1 cuillère à soupe de crème fraîche, 1 cuillère à café de baies roses moulues, sel, poivre*

1. Enlevez la croûte du camembert et coupez-le en morceaux.
2. Versez le lait dans une casserole et ajoutez les morceaux de camembert. Faites chauffer à feu doux jusqu'à ce que le camembert soit bien fondu. Ajoutez les baies roses moulues, salez et poivrez. Laissez refroidir complètement.
3. Battez le yaourt et la crème fraîche. Ajoutez le lait refroidi en fouettant. Versez la préparation dans les pots.
4. Programmez la yaourtière pour 10 à 12 heures.
5. Laissez refroidir les yaourts quelques minutes, fermez-les avec les couvercles puis mettez-les au frais au moins 4 heures avant de les déguster.

Le conseil en plus : choisissez un camembert bien fait (mais non coulant) pour donner plus de goût à vos yaourts.

Variante

➢ *À la place du lait de vache, optez pour un mélange lait de vache et lait de chèvre.*

★ Idée présentation

À servir, par exemple, avec une salade de pommes de terre froides.

Yaourts au fromage fondu

Ingrédients : *1 litre de lait entier, 1 yaourt nature, 8 portions de fromage fondu (type La vache qui rit, Kiri...), poivre*

1. Versez le lait dans une casserole et ajoutez les portions de fromage. Faites chauffer à feu doux jusqu'à ce que le fromage soit parfaitement fondu. Salez et poivrez. Laissez refroidir complètement.
2. Battez le yaourt avec le lait refroidi en fouettant. Versez la préparation dans les pots.
3. Programmez la yaourtière pour 10 à 12 heures.
4. Laissez refroidir les yaourts quelques minutes, fermez-les avec les couvercles puis mettez-les au frais au moins 4 heures avant de les déguster.

★ Idée présentation

À servir à l'apéritif accompagné de bâtonnets de crudités.

YAOURTS AU CHÈVRE ET AU ROMARIN

Ingrédients : *½ litre de lait de vache entier, ½ litre de lait de chèvre, 1 yaourt nature, 100 g de bûche de chèvre, 4 branches de romarin, 4 cuillères à café de lait en poudre, poivre*

1. Coupez le fromage de chèvre en dés.
2. Versez les deux laits dans une casserole, ajoutez les dés de fromage et les branches de romarin. Faites chauffer à feu doux jusqu'à ce que le fromage soit parfaitement fondu. Poivrez. Laissez refroidir complètement avant de retirer les branches de romarin.
3. Battez le yaourt avec le lait refroidi et le lait en poudre en fouettant. Versez la préparation dans les pots.
4. Programmez la yaourtière pour 10 à 12 heures.
5. Laissez refroidir les yaourts quelques minutes, fermez-les avec les couvercles puis mettez-les au frais au moins 4 heures avant de les déguster.

✭ Idée présentation

Idéal pour accompagner une viande blanche.

Yaourts aux feuilles de citronnier et éclats de cacahuètes

Ingrédients : *1 litre de lait, 1 yaourt nature, 4 cuillères à café de lait concentré non sucré, 10 feuilles de citronnier kaffir, 3 cuillères à soupe de cacahuètes salées, sel, poivre*

1. Versez le lait dans une casserole, et portez-le à ébullition. Hors du feu, ajoutez les feuilles de citronnier et laissez infuser pendant une trentaine de minutes. Filtrez.
2. Battez le yaourt avec le lait concentré puis ajoutez le lait refroidi toujours en fouettant. Salez et poivrez. Versez la préparation dans les pots.
3. Programmez la yaourtière pour 10 à 12 heures.
4. Laissez refroidir les yaourts quelques minutes, fermez-les avec les couvercles puis mettez-les au frais au moins 4 heures avant de les déguster.
5. Au moment de servir, concassez grossièrement les cacahuètes et répartissez-les sur les yaourts.

Le conseil en plus : les feuilles de citronnier kaffir sont très employées dans la cuisine asiatique, elles donnent un goût très frais de citron et citronnelle. Vous en trouverez dans les boutiques asiatiques.

☆ Idée présentation

Servez ce yaourt en entrée, accompagné d'une salade de gambas, concombre et soja.

10.
Les recettes à base de yaourt

Tzatziki

Ingrédients pour 6 personnes : *2 yaourts nature non sucrés, 2 petits concombres, 2 cuillères à soupe de crème fraîche, 1 oignon, 2 gousses d'ail, 1 citron, sel, poivre du moulin*

1. Épluchez et râpez finement les concombres. Mettez-les dans une passoire, saupoudrez-les généreusement de sel et laissez-les dégorger pendant 30 minutes.
2. Pelez et hachez finement l'ail et l'oignon.
3. Dans un bol, mélangez les yaourts, la crème fraîche, l'ail, l'oignon et le jus du citron. Poivrez.
4. Pressez les concombres dégorgés afin d'en extraire le maximum d'eau. Mélangez-les avec la sauce au yaourt. Mettez au frais au moins 2 heures.

Idée présentation

Servez le *tzatziki* à l'apéritif ou en entrée, accompagné de pain *pita*.

RAÏTA D'AUBERGINES

Ingrédients pour 6 personnes : *2 yaourts nature non sucrés, 2 aubergines, 1 oignon, 1 tomate, 2 cuillères à soupe de coriandre fraîche hachée, 1 cuillère à soupe de curry, 2 cuillères à soupe d'huile d'olive, sel*

1. Préchauffez votre four sur thermostat 6 (180 °C).
2. Lavez les aubergines et coupez-les en deux dans le sens de la longueur. Refermez-les et enveloppez-les dans un papier d'aluminium. Mettez au four 1 h 30 environ.
3. Une fois qu'elles sont cuites, laissez-les tiédir puis prélevez leur chair à l'aide d'une cuillère à soupe.
4. Pelez et émincez l'oignon. Lavez la tomate et coupez-la en tout petits dés.
5. Dans une poêle, chauffez l'huile d'olive, ajoutez l'oignon et faites-le blondir pendant 3 minutes environ, en remuant. Ajoutez le curry et salez. Laissez cuire 2 à 3 minutes avant d'ajouter la tomate, la coriandre et la chair des aubergines. Faites cuire encore 3 à 4 minutes en remuant souvent.
6. Versez la préparation dans un saladier et laissez-la refroidir avant d'incorporer les yaourts. Mettez au frais jusqu'au moment de servir.

★ Idée présentation

À servir en entrée, avec des *chapatis*, le pain traditionnel indien.

Soupe fraîche de concombre à la menthe

Ingrédients pour 4 personnes : *2 concombres, 20 feuilles de menthe, 2 yaourts nature, 1 citron, sel, poivre*

1. Épluchez et épépinez les concombres. Coupez-les en morceaux.
2. Lavez les feuilles de menthe. Pressez le citron.
3. Mixez les concombres avec le yaourt, la menthe et le jus de citron. Salez et poivrez. Mettez au frais pendant au moins 1 heure.
4. Servez cette soupe bien fraîche.

Sauce au yaourt et aux herbes fraîches

Ingrédients pour 4 personnes : *2 yaourts nature non sucrés, 2 cuillères à café de vinaigre de Xérès, 1 gousse d'ail, ½ bouquet de persil plat, ½ bouquet de ciboulette, sel, poivre*

1. Lavez les herbes, essuyez-les et ciselez-les. Pelez et émincez la gousse d'ail.
2. Dans un bol, mélangez les yaourts, le vinaigre, l'ail et les herbes, salez et poivrez. Réservez au frais jusqu'au moment de servir.

Idée présentation

Une sauce délicieuse avec des pommes de terre chaudes, ou une assiette de crudités…

Poulet mariné à l'indienne

Ingrédients pour 6 personnes : *6 cuisses de poulet, 2 cuillères à soupe d'huile, 3 oignons, 3 gousses d'ail, 1 tronçon de 3 cm de gingembre frais, 3 yaourts nature non sucrés, 1 cuillère à café de pâte de curry, 2 cuillères à café de coriandre en poudre, 2 cuillères à café de cumin, 1 pointe de couteau de piment fort, sel, poivre*

1. Pelez et hachez finement les oignons et l'ail. Épluchez et râpez le gingembre.
2. Dans un grand saladier, mélangez les yaourts, les oignons, l'ail, le gingembre et les épices. Salez et poivrez. Ajoutez les cuisses de poulet et mélangez. Couvrez et mettez au frais pendant au moins 2 heures.
3. Faites chauffer l'huile dans une sauteuse et ajoutez les cuisses de poulet. Versez un verre d'eau chaude et laissez cuire à couvert pendant une vingtaine de minutes à feu doux.
4. Servez bien chaud accompagné de riz basmati.

Salade de pommes de terre au saumon fumé

Ingrédients pour 6 personnes : *1 kg de pommes de terre, 300 g de saumon fumé, ½ botte de radis, 3 oignons nouveaux, 2 yaourts nature non sucrés, 2 cuillères à soupe d'huile d'olive, 1 citron, 1 cuillère à soupe de baies roses concassées, quelques brins d'aneth, sel, poivre, gros sel*

1. Faites cuire les pommes de terre dans un grand volume d'eau salée, pendant une vingtaine de minutes. Laissez-les refroidir puis épluchez-les et coupez-les en dés.
2. Détaillez le saumon fumé en lamelles. Lavez les radis et coupez-les en rondelles. Émincez les oignons.
3. Dans un bol, mélangez les yaourts avec l'huile d'olive, les baies roses et le jus du citron. Salez et poivrez.
4. Versez les pommes de terre, le saumon et les radis dans un saladier. Ajoutez la sauce, l'aneth effeuillé et mélangez. Mettez au frais jusqu'au moment de servir.

Gâteau au yaourt

Ingrédients pour 6 personnes : *1 yaourt, 1 pot d'huile, 2 pots de sucre, 3 pots de farine (+ 10 g pour le moule), 3 œufs, 1 sachet de levure, 1 sachet de sucre vanillé, 1 noix de beurre*

1. Préchauffez le four thermostat 6 (180 °C).
2. Mélangez le yaourt (utilisez le pot pour mesurer les autres ingrédients) avec le sucre et le sucre vanillé à l'aide d'un fouet puis incorporez les œufs un par un, toujours en battant énergiquement.
3. Ajoutez la farine et la levure, mélangez longuement pour éviter les grumeaux. Puis versez l'huile en mince filet.
4. Beurrez et farinez un moule à manqué. Versez la pâte et faites cuire 40 minutes.

Variantes

- *Parfumez ce gâteau comme bon vous semble : avec des fruits coupés en dés (pommes, poires, ananas...), des copeaux de chocolat, du zeste de citron, de l'extrait d'amandes, de l'huile essentielle d'orange, etc.*
- *À la place du yaourt nature, vous pouvez utiliser un yaourt maison aromatisé au citron, à la vanille...*

Salade de fruits au yaourt de brebis

Ingrédients pour 6 personnes : *4 yaourts nature au lait de brebis, 1 petit ananas, 1 mangue, 2 bananes, 1 goyave, 2 fruits de la passion, 1 citron vert bio, 4 cuillères à soupe de sucre de canne*

1. Pelez et coupez l'ananas et la mangue en petits dés, les bananes en rondelles et la goyave en lamelles. Récupérez la chair des fruits de la passion. Mettez tous les fruits dans un grand saladier et mélangez.
2. Pressez le citron puis récupérez son zeste. Ajoutez le zeste et le jus à la salade de fruits. Mettez au frais.
3. Au moment de servir, battez les yaourts avec le sucre de canne. Répartissez la salade de fruits dans des verrines, nappez de yaourt et servez sans attendre.

Lassi à la rose

Ingrédients pour 2 grands verres :
3 yaourts nature bien froids, 150 ml d'eau glacée, 4 cuillères à soupe d'eau de rose, 3 cuillères à soupe de sucre

1. Versez tous les ingrédients dans le bol de votre blender et mixez. Servez très frais.

Variante

➢ *À tester aussi avec de la mangue et des épices (cardamome, gingembre…).*

Glace au yaourt à la vanille

Ingrédients pour 1 litre de glace :
4 yaourts à la vanille, 50 cl de crème fleurette, 100 g de sucre, 2 cuillères à café d'extrait naturel de vanille

Mélangez tous les ingrédients et mettez la préparation en sorbetière pendant 25 minutes. C'est prêt !

Mes recettes perso

À vous maintenant de créer vos propres recettes !

Table des matières

PARTIE 2

6 RECETTES DE YAOURTS À BOIRE POUR VARIER LES PLAISIRS !

Recevez immédiatement par mail 6 recettes de yaourts à boire en vous rendant sur l'adresse :

http://quotidienmalin.com/yaourts-inratables

ou en scannant ce code

Achevé d'imprimer à Barcelone
par BlackPrint CPI Ibérica S.L.
Sant Andreu de la Barca (08740)
Dépôt légal : février 2010
Imprimé en Espagne